달콤한
포르노그래피

Conquering Pornography
Overcoming the Addiction

Copyright ⓒ 2007 by Dr. Dennis Frederick
Originally published in English under the title Conquering Pornography
by Pleasant Word(a division of WinePress Publishing), P.O. Box 428, Enumclaw,
WA 98022, U.S.A.
All rights reserved.

Korean Edition Copyright ⓒ 2011 by Timothy Publishing House, Inc.,
Seoul, Republic of Korea

이 한국어판의 저작권은 Pleasant Word와 독점 계약한 (주)도서출판 디모데에 있습니다.
신 저작권법에 의하여 한국 내에서 보호를 받는 저작물이므로 무단 전재와 무단 복제를 금합니다.

※본문의 성경은 한글개역개정을 사용하였습니다.

성 중독과 싸우면서 그 싸움에서 이기는 법을 알도록 도와준
모든 이들에게 이 책을 바친다. 의로운 싸움의 길을 가는 그들에게
하나님의 지속적인 인도하심과 풍성한 축복이 함께하시기를 기도한다.

그리고 사랑하는 아내, 글렌나 프레드릭 박사(Dr. Glenna Frederick)에게
이 책을 바친다. 이 책을 츌간하는 일뿐 아니라 인생길을 걸어가는 삶의
동반자로서 한결같은 인내심과 온화함,
사랑의 지지를 보내준 그녀에게 감사를 보낸다.

달콤한
포르노그래피

추천의 글   10

감사의 글   12

서론   15
   자가 진단: 이 책이 나에게 필요한가?   19

1장. 중독의 시작

음란물의 역사   24

하드코어 음란물과 소프트코어 음란물   26

어떤 것에 끌리는가?   28

중독의 시작   30

중독의 4단계   32

성 중독의 특이성   37

음담패설이 난무한 점심시간   40

기만이라는 거짓말   43

고립   45

자기기만은 그만!   48
   자가 진단: 자기기만은 그만!   50

음란물에 관심을 갖게 된 계기   52

폰 섹스   54

세대로 이어지는 죄   56

수치심   59

성적 학대   61

미혼　63
거절에 대한 두려움　66

2장. 자아, 여성 그리고 타인들에게 끼치는 영향

이런 날이 오리라는 걸 왜 몰랐을까요?　72
들킬 때의 위험과 들키지 않을 때의 위험　74
음란물로 인한 변화　77
점점 더 높은 수위를 요구하는 중독　79
불안감　82
자아, 여성, 성에 대한 왜곡　84
무기력한 남성　87
남자로서 부적절하다는 자괴감　90
중요한 건 나 자신이다　92
치러야 할 비용　94
음란물이 아이들에게 미치는 영향　96
그녀도 같이 본단 말입니다　99
왜 그녀는 그토록 상처를 입는가?　101
그의 필요, 그녀의 필요　103
포옹, 기본적인 물리적 욕구의 충족　106
여자의 육감　108

달콤한 포르노그래피

3장. 비밀과 거짓말

숨기는 이유 114

음란물과의 외도 116

회피 118

부정 120

내 친구 122

합리화 124

내 머릿속의 위원회 126

중독의 악순환 128

두 얼굴 130

말하지 말라, 느끼지 말라 132

주도권 134

죄책감 - 진짜인 동시에 가짜 137

페티시 140

자위, 자기애의 다른 이름 142

여성들은 음란물에 흥분을 느끼지 않는다 144

새로운 거짓말 146

음란물은 성 교재가 아니다 148

성행위 불안증 151

상처받은 적이 있는가? 154

욕망의 본거지 156

어느 정도까지 중독되었는가?　158

4장. 중독 극복하기

첫 단계　164

처음 중독을 밝힐 때나 앞으로의 과정에 따를 위험　166

둔감(D)-용인(A)-왜곡(D)　168

진실한 회개　170

중독의 특성　172

이미지가 아닌 실제 인간들　174

영적 진단표 작성하기　176

누군가에게 비밀 털어놓기　178

음란물에 중독된 원인　180

말이 아닌 행동으로 하라　182

정말 변화될 수 있다고 생각하는가?　184

음란물이 없는 무공해 집 만들기　186

애도 과정　188

환상을 행동으로 옮기고 싶은 유혹　191

너무 늦기 전에　193

쾌감 감소의 법칙　195

분노를 다루라　197

달콤한
포르노그래피

유혹받을 가능성을 차단하라 199

수치심을 느끼는 이유 201

죄는 단순한 논쟁거리가 아니다 203

산책하기 205

컴퓨터가 소리쳐 유혹할 때 207

버티기 209

자유의 의미 211

떠나라 213

그 무엇으로도 채울 수 없다 215

그녀에게 사과하라 217

오직 그녀만을 사모하라 219

절대자와 홀로 만나기 221

회복을 돕는 격려 그룹 223

분별력 227

전문가를 통한 치료 과정 229

하나님에 대한 책임 232

아내에 대한 책임 234

자신에 대한 책임 236

5장. 지속적으로 승리하기

완치란 없다 242
계속되는 싸움 244
건강한 자아의 회복 246
재발 방지 계획 248
멋진 보상 250
베풀고 돕는 삶 252
아내에 대한 감사 253
외부인과의 관계 구축 255
하나님과 동행하는 삶 257
반복해서 실천하기 258
영적 전쟁: 유혹 260
성공을 축하하라 262
실제적인 조언 265
회복을 위한 지침 266

부록 1. 성경 읽기 269
부록 2. 영적 자기 점검 291

추천의 글

데니스 프레드릭 박사(Dr. Dennis Frederick)와 그의 가족과 인연을 맺은 지 꽤 긴 세월이 흘렀지만, 심리 치료와 목회적 사역 그리고 매일의 신앙 생활을 통해 주님을 섬기는 신실한 그의 헌신은 한결같았다. 프레드릭 박사는 이 책의 집필을 처음 구상하고 담임 목사이자 친구인 나를 찾아왔다. 음란물의 유혹에 무너지고 있는 사람들을 보면서, 음란물과 관련된 책을 써야 할 필요성에 대해 부담감이 점점 커지고 있다며 내 의견을 구했다. 나는 내가 알고 있는 사람들이나 교회, 동료 목회자들을 통해 경험했던 사례들을 소개했고, 우리는 음란물 중독으로 수많은 사람들의 결혼 생활과 인생이 파괴되고 있다는 데 의견이 일치했다. 나는 이 책을 통해 이루고자 하는 그의 비전을 적극 격려하고 흔쾌히 지지해주었다. 그 일이 하나님이 계획하시고 축복하신 일이라는 내 확신은 조금도 변함이 없다.

 이 책은 개인뿐 아니라 그룹 차원에 끼치는 음란물의 심각한 영향력을 다루기에 매우 유익한 도구다. 음란물에 사로잡힌 사람들이 특별히 끔찍하거나 이상한 사람들은 아니다. 미국 사회의 다양한 문화와 집단 속에서 쉽게 볼 수 있는 사람들이다. 예수님은 지상 사역을 하실 때 부자들이나 건강한 사람들, 신앙 생활을 잘 꾸리고 있는 사람들과 별로 교류하지 않으셨다. 오히려 가난한 자들과 병자들, 죄를 짓고 가족과 사회 그리고 하나님과의 관계에서마저 소외되고 외면당한 사람들을 찾아가시고 어울리셨다.

 그러므로 음란물에 심취하거나 중독되었다고 해서 절망할 필요는 없다. 그리스도는 자신의 생명을 희생하심으로써, 우리가 더 풍성한 삶을 살고 그런 중독에서 해방될 수 있는 길을 열어주셨다. 이 책에서 제안하는 단계들을 충실히 따른다면 당신의 삶과 결혼 생활과 미래가 구속받을 수 있다.

 만약 당신이 음란물로 인해 고통을 받고 있다면, 이 책을 성실히 읽으면서 진정으로 변화되기를 간절히 기도한다. 음란물로 인해 박탈당한 것들을 다시 구축하고 회복하고자 노력할 때, 하나님의 은혜가 함께하시기를 기도한다.

벤 크로스(Ben Cross)
목회학 박사, 그레이스 커뮤니티 교회 담임 목사

감사의 글

이 책이 완성되어 나오기까지 수많은 사람들의 수고와 마음과 생각이 함께했고, 무엇보다 많은 사람들의 기도가 있었다. 성령의 강력한 인도하심으로 이 책을 써야 할 필요를 느끼고 처음 구상한 건 나이지만, 그 구상을 실제로 실현하는 작업에는 여러 사람들의 헌신적인 수고가 필요했다.

- 캐스케이드 크리스천 스쿨에서 커리큘럼과 간부 교육 책임자로 있는 아내 글렌나 프레드릭 박사는 이 책의 원고를 꼼꼼하게 읽고 특유의 통찰력으로 많은 도움을 주었다.
- 편집장인 조 마리 둘리(Jo Maire Dooley)는 이 책에 대한 나의 생각을 깊이 이해해주었고, 귀중한 재능을 유감없이 발휘해 내 생각과 말을 잘 짜인 문장으로 훌륭하게 표현해주었다. 이 책을 내기

위해 긴 시간 헌신적으로 수고해준 데 대해 깊이 감사하며, 그녀의 헌신으로 변화될 사람들로 인해 축복을 누리기를 기도한다.
- 이 책을 저술하는 동안 턴 크리스천 카운슬링 센터 책임자인 리 웹(Lee Webb)이 보여준 노고에 감사드린다.
- 탁월한 자료 조사 능력으로 내 생각을 구체화시키는 데 도움을 준 보조 치료사 그레고리 게이츠(Gregory Gates)에게 고마움을 전한다.
- 턴 크리스천 카운슬링 센터에서 함께 일하는 조지 헤더링턴(George Hetherington)은 전문 지식을 통한 지원과 신앙 상담에 도움을 주었고, 무엇보다 이 프로젝트의 필요성을 적극적으로 믿고 지지해주었다.
- 보조 치료사인 로빈 웹(Robin Webb)은 영적인 전쟁에 대한 분별력을 지닌 기도의 용사로서, 자신의 믿음을 통해 도움을 주었다.
- 끊임없이 격려해주고 끝까지 이 작업을 마칠 수 있도록 후원해준 나의 아들 에릭(Eric)과 라이언(Ryan) 그리고 사랑스런 며느리 셀레나(Selena), 나의 부모님 고든(Gorden)과 조안(JoAnn)에게 감사를 전한다.
- 이 책을 쓰는 데 격려를 아끼지 않고, 성령이 인도하신다는 확신을 보여주며, 추천의 글을 써준 워싱턴 오번에 위치한 그레이스 커뮤니티 교회의 담임 목사인 벤 크로스 박사님과 턴의 직원들에게도 감사를 드린다.
- 클라리스 놀(Clarice knoll), 숀 맨리(Shawn Manley) 부부, 척 메

이플스(Chuck Maples), 더그 팬더그라프트(Doug Pendergraft)와 디에나 펜더그라프트(Deanna Pendergraft), 그레그(Greg)와 랠린 서덜랜드(Raelene Sutherland), 루스 윌슨(Russ Wilson)과 더스 일가(The Duus Family)는 내가 이 책을 쓰는 데 집중할 수 있도록 재정적인 도움을 주었다.

서론

내가 상대하는 내담자들은 마약 중독자나 노숙자나 죄수가 아니다. 턴 크리스천 카운슬링 센터를 찾는 고객들은 대부분 일반인들로서 가족 단위나 개인적으로 상담을 요청하며, 다양한 문제와 어려움을 갖고 있다. 이 상담일을 시작한 건 1987년이었다. 세월이 흐르면서 성 상담 전문가에 대한 요구가 점점 늘어났고, 나는 결국 성 문제를 전문으로 다루게 되었다. 그중에서도 특히 사방에 범람하는 음란물로 인한 문제에 집중하고 있다. 나와 상담하는 그리스도인 남성들은 교회 지도자나 목회자, 한 가정의 가장들로 '정상적인' 미국 가정에서 자라고 성장한 사람들이다. 그들은 인생을 위협하는 끔찍한 비밀 한 가지를 공통적으로 갖고 있다. 바로 음란물 중독이다.

매년 발표되는 통계에 따르면 미국에서만 사람들이 성인 비디오물에 200억 달러를 소비하고, 음란 잡지와 폰 섹스에 120억 달러를 소비하고 있다. 또한 세계적으로 400만 개 이상의 웹 사이트가 가정이나 직장의 컴퓨터를 통해 음란물에 접속하길 원하는 7,200만 명의 사람들을 유혹하고 있다. 미국 성인 남성들 가운데 직장에서 음란물에 접속한 적이 있다고 인정한 사람은 20퍼센트에 달한다. 현재 음란물은 전체 미국 가정의 거의 50퍼센트에서 심각한 문제가 되고 있다. 응답자 중 50퍼센트 이상의 그리스도인 남성들이 최근에 음란물 사이트를 방문한 적이 있다고 털어놓았다.*

이 실제적인 책이 겨냥하는 대상은 특정한 사람들이다. 음란물 중독에서 벗어나기를 진심으로 원하는 사람들을 대상으로 한다. 모든 종류의 성적 취향과 중독 수준이 포함된다. 사람들은 저마다 자신만 그런 문제를 갖고 있다고 생각하기 때문에 혼자라고 느낀다. 이 책이 강조하고자 하는 메시지는 다음과 같다. 즉, 당신만 그런 문제를 안고 있는 것이 아님에도 불구하고, 혼자만 이런 문제로 고통당한다는 고립감에 빠져 있다는 것이다. 이것이 음란물 중독과 관련된 거짓말의 일부다.

이 책의 기본 내용은, 특별히 성적 문제가 있는 남성들을 대상으로 한 30여 년간의 임상 경험을 토대로 했다. 이 책은 실제적 접근을 위한 실용서이지 이론서는 아니다. 가정에 침투한 음란물의 심각한 문제를 솔직하게 드러내고 다루었다. 수백만 명의 마음과 생활과 관계 속에서 음란물이 주는 악영향들을 치유하기 위한 통찰력 있는 방법들을 제공하고자 시도했다.

이 책을 개인적으로 사용할 수도 있지만, 모든 중독이 다 그렇듯이 혼자 힘으로 극복하는 것은 한계가 있다. 지지해주는 사람들이 있어야 한다. 두 사람 이상의 모임에서 사용하는 것을 추천한다. 이 책의 내용은 어떤 연령이든 아이들에게는 적합하지 않다. 단, 음란물에 중독되어 있는 미성년자인 경우, 사려 깊고 건강한 그리스도인 남성 롤 모델이 이 어렵고 사적인 과정을 무사히 통과할 수 있도록 곁에서 도와줄 수 있다면 사용해도 좋다. 여성이라면 남편이나 사랑하는 이들을 돕는 데 정보가 필요할 경우, 이 책을 사용하면 유익할 것이다.

이 책의 기본적인 원리들은 강력하고 보편적인 기독교적 시각을 바탕으로 하고 있다. 음란물 중독자를 정죄하지는 않지만, 죄를 '논쟁거리'가 아닌 죄로 바라본다. 하나님은 강력한 중독성을 자각하고, 거기서 벗어나고자 안간힘을 쓰는 각 개인의 내면에서 벌어지고 있는 이 뿌리 깊고 은밀한 전쟁을 승리로 이끌 유일하고 참된 수단이 되시는 분이다.

중독의 다양한 차원들을 다룬 내용과 더불어, 하나님이 우리가 온전하며 승리하는 인격체가 되길 얼마나 원하시는지 알고자 하는 사람들을 위해 성경 구절들을 수록해놓았다. 독자들로 하여금 중독의 죄악 된 성격을 깨닫게 하고, 그들을 회개의 영으로 인도하며, 회복을 격려하고, 하나님과 배우자와 자녀들과의 관계가 더욱 건강해지도록 돕는 데 이 책의 목적이 있다.

음란물 중독을 극복하기 위해서는 길고 힘든 싸움을 벌여야 한다. 계획을 끝까지 포기하지 않겠다는 동기와 투지뿐 아니라, 실제적이고 진지한 헌신이 반드시 필요하다. 그렇지 않고 별다른 생각 없이 이 책을 읽는다면, 머리에 또 다른 정보를 추가하는 것에 지나지 않는다. 그러나 주님의 인도하심을 따라 이 책의 제안들과 실제적인 단계들을 자신의 삶에 적용한다면 훨씬 더 온전하고 자유로운 개인으로 변화될 것이다. 선택은 전적으로 각 개인의 몫이다. 음란물을 탐닉하던 중 누군가에게 들켜 마지못해 참여한다면 절대 변화될 수 없다. 다른 사람의 강요에 의한 동기는 금방 사그라들고 만다. 이혼 서류를 들이밀며 아내가 협박하는 바람에 마지막 수단으로 상담소에 치료를 받으러 오는 남자들은 이미 때가 늦은 경우가 많다. 그런 일이 일어나기 전에 시작해야 한다.

도전을 기꺼이 받아들이고 모든 생각과 동기를 바꿀 각오가 된 사람들에게 해주고 싶은 말이 있다. 용기를 내라. 희망이 있고 분명히 치유될 수 있다. 수많은 사람들이 변화되어 정상적이고 건강한 생활로 되돌아가는 것을 수없이 보았다. 하나님은 우리가 자유롭고 평화로운 삶을 살기를 원하신다.

이 책을 통해 새로운 여정을 향해 나아가는 계기가 마련되기를 바란다.

1. 성경 읽기 _ 빌립보서 3:20-21

*"Internet Pornography Statistics"; ⓒTopTenReviews; http://internet-filter-review.toptenreviews.com/internet-pornography-statistics.html; 08/15/2006.

자가 진단: 이 책이 나에게 필요한가?

자신이 음란물 중독인지 확실히 판정하는 데 어려움이 있다면, 잠시 시간을 내 다음의 자가 진단표를 체크해보라. 자신의 습관에 대한 귀중한 정보를 얻고, 어떤 방향으로 인생을 살아가고 싶은지 확인하는 데 도움을 얻을 수 있다.

나는 음란물에 중독된 상태인가?

		아니다	어느 정도 그렇다	그렇다
1	아내나 다른 가족 또는 친구들 몰래 성인 영화를 보거나 성인 웹 사이트를 방문한다.			
2	외롭거나 좌절감을 느끼거나 스트레스를 받으면, 음란물이 아무 잔소리도 하지 않는 편안한 친구처럼 느껴진다.			
3	음란물을 보면서 자위 행위를 한다.			
4	음란물을 볼 기회를 늘 찾거나 음란물이 보고 싶어 마음이 두근거린다.			
5	음란물을 볼 수 있는 확실한 정보를 갖고 있다.			
6	음란물에 심취하는 것이 더 이상 심각한 문제라고 생각되지 않는다.			
7	처음 음란물을 대했을 때 흥분되던 장면들이 이제는 더 이상 흥분되지 않는다.			

8	특정 민족이나 특정 신체 부위 등에 성적으로 흥분하는 특별한 취향이 생겼다.			
9	평소에는 성적 능력에 대해 자신감이 없다가도, 음란물에 심취하면 자신감이 생긴다.			
10	아무리 노력해도 혼자 힘으로는 음란물 사용을 멈출 수 없다.			
11	아내와 자녀들과 있는 시간보다 음란물을 보며 허비하는 시간이 더 많다.			
12	음란물을 보느라 할 일을 놓치기도 하고, 직장에서 몰래 음란물을 본 적도 있다.			
	합계			

'어느 정도 그렇다'나 '그렇다'에 해당하는 항목이 하나라도 있다면, 이 책을 읽어볼 것을 권한다.

1장

중독의 시작

40대 후반의 키가 크고 훤칠한 외모의 신사가 차를 주차한 다음, 짐짓 무심한 표정으로 치과가 빼곡히 입주한 건물로 발걸음을 옮긴다. 제이콥(Jacob)은 화려한 고급차가 아니라 수수한 쉐보레를 몰고 온 덕분에 사람들의 눈에 잘 띄지 않아 다행이라는 생각이 든다. 그리고 비싼 슬랙스에 생긴 주름을 손으로 펴면서, 매주 두 시간 이상 차를 몰지만 않으면 좋겠다고 중얼거린다.

화창한 날이다. 하지만 그는 레인코트를 입고 모자를 이마까지 눌러 쓰고 있다. 문이 가까워지자 제이콥은 재빨리 주차장 쪽을 훑어보며, 보고 있는 사람이 있나 확인한다. 안으로 들어가서는 아는 사람은 없는지 또다시 둘러본다. 자신을 아는 사람이 아무도 없다는 데 안도감을 느낀 그는 뒷 계단으로 한 번에 두 층계씩 빠른 걸음으로 올라와 내 사무실로 살짝 들어온다. 그리고 조심스럽게 문을 닫는다. 빠르게 계단을 올라오느라 다소 숨이 차다.

격식을 차리는 인사 따위는 일체 생략한 채 우리는 곧장 내 방으로 간다. 제이콥이 코트와 모자를 벗고 늘상 앉는 의자에 앉자 치료 상담이 시작된다. 내 환자는 텔레비전에 자주 출연하는 유명한 목사로서 음란물에 10년간 중독되어 있었다. 실명이 알려진다면 그의 명성은 하루아침에 무너지고 온 교회는 충격에 빠질 것이다.

음란물의 역사

음란물의 역사는 인간의 역사만큼이나 오래되었다. 폼페이 유적에서 사실적으로 표현된 외설적인 조각상들과 벽화들이 대량으로 발견되었다. 고대 이집트와 중국의 유적에서도 음란물들이 발견되었다. 아담과 하와의 타락 이후로 인간이 있는 곳이면 어디서나 음란물이 발견되고 있다. 거대한 제국이 있던 곳이나, 전 세계 모든 나라에 음란물의 역사가 있다.

20세기의 최근 역사를 살펴보면 1920, 30, 40년대에는 원하는 음란물을 보기 위해 대도시의 특정 서점을 찾아가거나 소독약 냄새가 코를 찌르는 영화관을 가야 했다. 원하는 음란물을 마음껏 보고 싶으면 사람들의 시선을 몰래 피해야 했고, 제발 들키지 않게 해달라고 기도해야 했다. 세월이 흐르면서 다소 온건한 내용들이 소프트 포르노그래피의 형태로 유통됐다. 우편을 통해 음란 잡지와 그림들이 가정으로 배달됐다. 그리고 그림들이 점점 더 사실적이 되어갔고, 특정한 대상에 흥분하는 특수 고객층에 맞추어 특화되었다. 20세기 후반에는 저렴한 비용으로 비디오를 임대하거나 개인적으로 소장할 수 있었기 때문에, 음란물에 더욱 쉽게 접근할 수 있게 되었다. 집에 원하는 대로 비치해두고 틈나는 대로 볼 수 있었다.

그러다가 인터넷 시대가 열리자 음란물의 접근성과 유통량은 폭발적으로 증가했다. 떼돈을 벌 수 있는 산업이 탄생했다. 음란물 산업은 결과에 아무런 책임도 지지 않고, 원하는 건 무엇이나 마음대로 하는 사람들의 지원 속에 무서운 기세로 성장해왔다. 사람들은 음란물 중독을 사적인 비밀로 유지할 수 있었다. 아무도 알 필요가 없었다. 이제 사람들의 시선을 의식하지 않고, 손쉽게 접근할 수 있게 되었다. 방문하고 싶은 사이트를 무제한으로 접근할 수 있게 되었고, 온라인 상에서 보낼 수 있는 시간의 제약도 없어졌다. 국내법의 제재가 미치지 않는 국제적인 사이트를 이용할 수도 있으며, 어떤 것을 원하건 다 충족될 수 있었다. 이러한 이유로 음란물 제조와 이용량은 걷잡을 수 없을 정도로 증가했다.

이제 음란물 유통량은 사상 최고치에 도달했다. 검열에 대한 논의는 미 헌법과 상충하는 것으로 간주된다. 음란물 차단 장치나 다른 보호 장치들을 설치해놓아도, 아무 관련성 없는 '무해한' 단어들을 음란물로 가득한 웹 사이트와 연결해놓은 경우가 얼마나 많은지 충격적일 정도다. 심지어 백악관 사이트를 치면 음란물 웹 사이트로 연결되도록 프로그램해놓은 경우도 있다. 음란물을 유포하는 사람들은 그 어느 때보다 더 지능적이다. 큰 돈을 벌 수 있기 때문에 그들은 사람들이 걸려들기를 호시탐탐 노린다.

생각해보기

1. 음란물을 보고 싶다는 유혹을 받은 적이 있는가?
2. 어떤 방법으로 음란물을 접했는가?
3. 중독을 막기 위해 사용하고 싶은 차단 장치나 보호 장치가 있다면 어떤 것인가?

2. 성경 읽기 _ 사사기 16:1

하드코어 음란물과 소프트코어 음란물

음란물 산업 측면에서 볼 때, 소프트코어 음란물은 완전히 삽입하는 성행위가 등장하지 않는데 비해, 하드코어는 성적으로 흥분하여 성기를 완전히 삽입하는 성행위가 포함된다.

그러나 분명히 말하지만 분류 등급에 관계없이 음란물은 음란물일 뿐이다. 요컨대 사람들은 종종 자신들이 보는 건 가벼운 외설물(예를 들어, 편의점에서 구입할 수 있는 잡지)일 뿐이라고 말한다. 트리플 X 등급의 음란물은 보지 않는다고 한다. 하지만 가벼운 외설물과 악성 음란물의 차이는 백지장 한 장 차이다. 정말 중요한 것은 음란물이 사람의 마음과 생각에 미치는 영향이다. 그러므로 '하드코어'로 분류되는지, '소프트코어'로 분류되는지는 중요하지 않다. 각자가 느끼는 흥분의 정도, 즉 음란물이 각자의 삶에 미치는 영향력이 중요하다. 성적인 흥분을 불러일으키기 위해 사용하는 것은 모두 음란물이다. 등급은 단순히 말장난에 불과할 뿐이다.

하드코어 음란물이든, 소프트코어 음란물이든 해로운 건 마찬가지다. 둘 다 동일하게 치명적인 손상을 가한다. 관계에 상처를 입히고 파괴한다는 점에서 아무 차이가 없다. 그럴 듯한 이유를 들어 변명하거나 음란물을 보게 된 과정을 들이대며 핑계를 대지 말라. 단지 기분 전환용으로 가벼운 내용의 음란물을 볼 뿐이기 때문에 그리 나쁘게 생각지 않는다고 합리화시키지 말라. 중독의 측면에서 보면 모두 마찬가지다. 가벼운 외설물이든, 심각한 음란물이든 그것들이 우리 인생에 미치는 영향력을 축소하거나 무시해서는 안 된다.

생각해보기

1. 처음 접한 음란물은 어떤 것이었는가?
2. 가벼운 음란물을 보다가 점점 더 악성 음란물을 찾게 되지 않았는가? 자신이 점점 더 수위가 높은 음란물에 심취하거나, 심지어 보아서는 안 되는 악성 음란물을 원하고 있다는 생각이 들지는 않는가?
3. 현재 접하고 있는 음란물의 수위에 대해 스스로에게 솔직한가?

3. 성경 읽기 _ 잠언 27:20

어 떤 것 에 끌 리 는 가 ?

모든 사람은 저마다 이성에 대해 호감을 느끼거나 끌리는 부분이 다르다. 어떤 남자들은 여성의 미끈한 다리, 얼굴, 가슴에 눈길이 먼저 가거나 특정한 신체 부위에 마음이 끌린다. 특정 색깔의 머리카락에 끌리기도 하고 특정 민족에 매력을 느끼는 사람도 있다. 그래서 하나님은 사람을 만드실 때 몸매나 키, 피부색을 아주 다양하게 만드셨다. 남성이 특정 타입의 여성이나 특별한 신체적 특징을 지닌 여성에게 끌리는 건 자연스러운 일이다.

어떤 사람들의 경우, 특별한 성적 취향이 중독을 부추기는 경우도 있다. 음란물에 중독된 사람은 특정 머리 색깔이나 모양 혹은 특정 연령의 여자가 나오는 영상을 찾아 과도하게 시간을 사용한다. 특별한 신체 부위나 자세를 한 여성들이 나오는 웹 사이트를 찾아 수없이 많은 시간들을 허비하기도 한다.

자신의 성적 취향을 정확히 파악하면, 행동을 교정하고 중독을 끊을 방법을 집중적으로 찾아볼 수 있다. 예를 들어, 잡지에서 수영복 차림이나 티셔츠를 입은 여성을 볼 때 성적으로 흥분한다면 그 사실을 집중해 다루라. 그런 사진들이 음란물 중독의 계기가 되어 특정 사이트를 들락거리거나 음란물을 찾게 만든다는 사실을 알아야 한다.

때로 성적으로 흥분하는 대상은 어떤 자극이 발전된 경우다. 예를 들어, 뾰족한 높은 굽의 구두를 신은 여성을 보면 성적으로 흥분된다고 하

자. 음란물에 대한 중독이 심해질수록 뾰족 구두를 보기만 해도 음란물 영상이 떠오를 수 있다. 그러면 굽이 높은 구두를 신은 일반 여성을 만나더라도(심지어 업무차 만난 경우라도) 성적인 자극을 받게 된다. 혹은 특정한 제복을 입은 여성들을 보면 성적으로 흥분하는 사람도 있다. 그럴 경우, 여성 간호사나 여자 경찰과 마주치기만 해도 흥분하게 된다. 포르노 산업에 종사하는 사람들은 매우 영리하고 교묘하다. 사람들을 유혹하고 음란물에 중독시키기 위해 구체적이고 치밀한 계획을 세우고 있다. 사람들은 음란 비디오에서 보여주는 성행위나 어떤 신체 부위에 중독될 뿐 아니라, 영상 속의 여성이 입고 있는 의상이나 액세서리, 음악, 배경 혹은 조명에도 중독된다.

생각해보기

1. 음란물 동영상을 볼 때 집착하는 특정 대상이 있다면 어떤 것인지 구체적으로 써 보라.
2. 음란물에서 특별히 애착이 가는 여성의 신체 부위가 있다면 어디인가?
3. 그 밖에도 음란물을 접한 이후에 성적 흥분을 갖게 된 대상이나, 신체 부위가 있다면 무엇인가?

4. 성경 읽기 _ 아가서 4:1-5

중 독 의 시 작

　그 모든 건 단 한 번의 경험으로 시작되었다. 누군가가 당신에게 야한 그림을 보여주었거나 우연히 음란물 동영상을 본 것이 계기였다. 한 소년은 이웃집 재활용 쓰레기통에서 우연히 발견한 음란물 때문에 중독에 빠져들었다고 털어놓았다. 소년은 학교에 가고 있었다. 이웃집 앞의 청색 플라스틱 상자 안에 마분지와 캔과 성인 잡지가 눈에 띄었다. 그는 그 잡지를 가방에 집어넣었다. 그 이후로 재활용 쓰레기 수거일마다 꾸준히 음란물을 손에 넣을 수 있었다.
　30대의 한 남성은 컴퓨터 화면에 뜬 팝업 창을 눌렀다가 음란물에 중독되기 시작했다고 한다. 이메일을 확인하던 중에 광고 메일의 검색 버튼을 눌렀다. 그러자 곧바로 음란물 사이트로 연결됐다. 어떤 이는 사촌이 보여준 비디오를 본 뒤로, 어떤 소년은 캠프에서 친구가 몰래 가져온 성인 잡지를 본 것이 계기가 되었다. 사연이 어떻든 그것을 보고 좋아하게 되었고 결국 음란물 중독이 시작되었다.
　다른 중독은 어떻게 시작되는가? 흡연은 호기심에 피워본 단 한 개비의 담배로 시작된다. 음주는 한 번 맛본 맥주 한 병이 시작이고, 도박 역시 한 번의 도박이 중독의 시작이다. 그 모든 것은 전혀 문제될 것이 없는 것 같다. 담배 맛이 어떤 것인지 한 번 느껴보고 싶었을 뿐이다. 맥주나 위스키를 맛보고 싶었을 뿐이다. 포커를 하고, 게임에 돈을 걸거나 주사위를 던져 운을 시험해본다. 처음에는 푼돈으로 시작하지만 나중에는 돈과 건강 그리고 심리적 비용까지, 치러야 할 대가는 천문학적으로 늘어난다. 음란물에 대한 중독 양상 역시 동일하다. 그냥 재미삼아 한 번 한 것이 좋아지고, 결국 없으면 안 되는 생활의 일부가 된 것이다.

그러나 이제는 스스로의 의지력으로는 도무지 그만둘 수 없는 지경에 이르렀다. 외부의 도움이 필요하다고 스스로도 절감하는 상황이 되었다. 이 책을 기꺼이 읽을 의사가 있다는 사실, 그 자체만으로도 그 자리를 박차고 나와 음란물에 중독된 자신을 위해 무엇이든 할 준비가 되어 있음을 반증한다.

음란물 중독은 분명히 고칠 수 있다. 그러나 음란물을 보기 시작할 때와 달리 그만두는 것은 그리 쉽지 않다. 얽히고설킨 그물이 이미 당신의 마음과 영혼뿐 아니라 정체성마저 옭아매고 있다. 중독에서 헤어나오는 일은 결코 호락호락하지 않다. 하지만 분명히 가능한 일이다. 이 심각한 병에서 벗어날 수 있다.

생각해보기

1. 어떤 일을 계기로 음란물을 보기 시작했는지 말해줄 수 있는가?
2. 음란물을 보도록 유혹한 사람은 누구인가?
3. 현재 자신의 중독 상태는 어느 정도인가?

5. 성경 읽기 _ 요한일서 2:16

중독의 4단계

중독의 첫 번째 단계는 '호기심'이다. 어떤 사람은 "관심이 생겼어. 친구들이 하는 이야기를 나도 알아듣고, 함께 어울리고 싶어"라는 마음을 갖고 음란물을 보기 시작했을지 모른다. 어렸을 때뿐 아니라 어른이 되어서도 이런 일은 일어날 수 있다. 하지만 남성 특유의 충동은 "금지된 열매를 맛보고 싶다. 잘못이라는 건 알고 있지만 그냥 한 번만 보고 싶다. 딱 한 번만 보면 된다. 그럼 이전처럼 문제없이 괜찮아질 거야"라고 부추긴다. 내가 만나본 모든 남성들은 어느 정도 성에 호기심이 있다고 인정한다. 그건 지극히 자연스러우면서 건강한 모습이다. 올바른 방향으로 이끌어준다면 건강한 성교육을 받는 계기가 되어 적절한 처신을 유도할 수 있다. 그러나 개인적인 결단이 필요할 때가 바로 이 '선택'의 단계다. "안 돼. 난 저 길로 가고 싶지 않아. 더 건강한 방향을 선택하고 싶어."

내가 아는 거의 모든 남자들이 어느 길로 갈지를 결정해야 하는 중대한 순간과 맞닥뜨린다. 한 가지 실제 사례를 소개한다. 개인 컴퓨터가 없고 DVD를 임대하는 가게가 없던 시절에는 잡지나 스트립쇼 또는 블루무비(외설 영화)로나 음란물을 접할 수 있었다. 어느 날 밤, 여섯 명의 대학생이 밤새 외설 영화를 보기로 했다. 그들은 벽에 스크린을 걸어놓고 영사기를 돌리기 시작했다. 처음에 그들의 시선은 난생처음 보는 행위가 나오는 화면에 고정되어 눈을 돌리지 못했다. 잠시 후 필름을 교체할 때가 되었다. 불이 켜지고 네 명의 학생은 그 자리를 떠났다. 충분히 볼 만큼 보았던 것이다. 호기심이 충족되었다. 그들은 그 자리를 떠나겠다는 선택을 했을 뿐 아니라, 그 정도면 호기심이 충족되었다고 선택한 셈이었다. 하지만 두 학생은 계속 그 자리에 남았고 이후로도 계속 그런 시간을 갖기로 했다. 다음 단계로 이어지는 과정이 시작된 것이다. 시간 나는 대로 음란 영화를 보았던 학생들은 1년 후 매춘이 합법적으로 허용되는 이웃 주로 갔다. 그리고 자신들의 성적 환상을 실행에 옮겼다. 30년이 지난 지금 그런 행동이 그들의 인생에 어떤 영향을 미쳤는지 살펴보면 흥미로울 것이다.

호기심은 다음 단계인 '의존'으로 이어진다. 이것은 자극과 성적 환상에 의존하는 것으로, 종종 자위행위로 표현된다. 성행위를 할 때 분비되는 신경 전달 물질들이나 엔도르핀에 의존한다. 욕망을 주체할 수 없고, 지금까지 의존하던 자극과 환상으로는 더 이상 만족하지 못한 채 그 이상을 원한다. 그리고 자신을 합리화한다. 지금 하고 있는 일이 그렇게 심각한 문제나 상황은 아니며 언제라도 원하면 음란물에 대한 관심을 중단할 수 있다고 자신을 설득한다. 현재 이런 단계에 있지만, 자신이 의존 상태에 이르렀다는 데 동의하지 않는다면 다음과 같은 질문들을 해보기를 권한다. "기회가 날 때마다 왜 그런 행위에 몰두하는가?" "가능한 한 빨리 혼자만의 시간이 와서 컴퓨터에 앉거나, 외곽의 모텔에 들어가 음란 영화를 볼 기회가 생기기를 학수고대하는 이유는 무엇 때문인가?" 의존 단계는 "이제 원하면 언제든지 즐기고 싶다"라고 이야기하는 단계다.

그러고나면 의존은 '중독' 단계로 넘어간다. 이제 한 개인의 삶이 중독에 좌지우지되는 것이다. 분별력과 도덕성이 더 이상 그의 삶을 주도하지 않는다. 이제 혼자 힘으로는 중단할 수가 없다. 음란물에 대한 욕망이 삶을 파괴할 지경이 되었다. 음란물에 대한 생각으로 직장에서 근무에 집중하기 어려울 수도 있다. 가족과 보내야 하는 시간을 음란물에 허비하고 있을 수도 있다. 음란물을 볼 시간을 조금이라도 더 확보하기 위해 이전에 즐겨 하던 많은 일들을 포기한다. 그리고 "내 힘으로는 중단할 수가 없다. 의도하지 않아도 늘 그것만 생각하고 원하게 된다"는 것을 깨닫는다.

중독의 다음 단계인 네 번째 단계는 '행동'으로 옮기는 것이다. 이제 그는 자신의 환상을 현실 세계에서 직접 몸으로 확인해보기를 원한다. 아마 가장 가능성 있는 경우는 자신의 파트너에게 성적으로 많은 것들을 요구하는 경우일 것이다. "인터넷에서 본 대로 그녀가 해주었으면 좋겠다. 그녀는 혐오스럽게 생각할지 모르겠지만 강제로라도 내가 원하는 체위를 하게 할 거다. 싫다면 돈을 주거나, 말로 안 되면 위협을 해서라도 내 욕구를 충족시키겠다. 하지만 진정으로 만족하려면 인터넷에서 본 대로 그녀가 무조건 해주어야 한다. 그것이 내 목표다. 부도덕하고 음란하다는 건 알지만 스리섬(세 사람이 하는 성행위)도 하고 싶다. 어쩌면 내 욕구를 충족시켜주고, 내가 원하는 대로 해주면서 비록 가짜 흥분이라 해도 내가 듣고 싶은 신음 소리도 마다하지 않을 창녀를 사야 할지도 모르겠다." 어쩌면 이제 어린아이들이 적합한 섹스 파트너가 될 수도 있다는 데까지 생각이 나아갔을지도 모른다. "아이들은 성인들처럼 그렇게 높은 기대감이 없어. 내가 아이들에게 가르쳐주면 돼. 그럼 모두 다 만족하는 거지." 아니면 대다수 사람들이 혐오스럽게 생각하는 너무나 변태적인 행위에 몰두하는 자신을 발견할 수도 있다. 더욱이 그 행위들은 불법일 경우도 있다. 이 모든 것은 음란물 중독으로 인간이 어느 정도까지 타락할 수 있는지 그 심각성을 보여준다.

통계를 보면 남성 범죄자들의 경우, 처음에는 절대 나쁜 짓은 하지 않을 거라고 장담했지만 음란물에 대한 호기심으로 결국 범죄를 저지르기 시작했음을 보여준다. 그들은 음란물이 범죄를 저지르는 데 큰 영향을 미쳤다는 것을 인정한다.

핵심 요지는 '남성들이여, 스스로를 기만하지 말라'는 것이다. 이 단계들 중 어느 한 단계에 머물며 더 이상 진전되지 않은 채 그 상태만 즐길 수 있다고 생각하지 말라는 것이다. 음란물 중독의 극복을 다룬 책을 읽고 있다면 이유가 있다. 결혼 생활이 파괴된 이유가 있다. 그건 남편이 성적 욕망을 어떤 식으로든 실행에 옮겼기 때문이다. 위험 부담은 엄청나지만 얻을 것은 아무것도 없다.

생각해보기

1. 당신은 어느 단계에 있는가?
2. 중독이 어느 정도 진전되었는가? 다음 단계를 행동으로 옮기고 있는가?
3. 그럴 경우 어떤 위험이 있는가? 도움을 얻기 위해 무엇을 할 것인가? 이 단계에서는 스스로의 의지로 중단할 수 없기 때문에, 중독을 중단시키기 위해 전문가와의 상담이 필요하다.

4. 성적 환상을 행동으로 옮겨본 적이 있는가? 그런 적이 있다면 어떤 방식이었는가?(불법적인 일을 했다면, 자신이 심각한 성적 일탈에 빠졌음을 깨달아야 한다.)

6. 성경 읽기 _ 마가복음 7:21-22, 골로새서 3:5

성 중독의 특이성

성 중독이 특이한 이유는, 그것이 영혼에 직접적으로 타격을 입히기 때문이다. 성경에 따르면 우리가 자신의 몸에 짓는 죄는 우리 자아뿐 아니라 우리의 정신을 지배한다. 알코올 중독이나 도박 중독, 혹은 흡연 중독에 걸릴 수 있다. 사람들이 지배당할 수 있는 대상의 종류를 열거하자면 끝이 없다.

그러나 성 중독은 독특하다. 성 중독 역시 엔도르핀을 분비해주는 중독 가운데 하나다. 오르가슴은 절정을 느끼는 경험이다. 정신은 감각을 통해 확인할 때 더욱 흡족감을 누린다. 그러므로 성적으로 중독된 사람들은 그 중독성이 더욱 심각하다. 그런 까닭에 성 중독은 극복하기가 훨씬 더 어려운 것이다.

인간은 본성적으로 성적인 존재다. 우리는 성적 관계나 성행위를 통해 위안과 자신감을 얻기를 원한다. 그러므로 성에 대한 직접적인 필요가 존재하는 셈이다. 또한 남자든 여자든 호르몬에 의한 필요도 존재한다. 특히 남자들의 경우 에너지를 그런 식으로 방출함으로써 감정을 배출해야 한다. 따라서 성 중독은 독특한 특성을 갖고 있으며, 동시에 극복하기 매우 어렵다.

다시 말해 성 중독은 특별한 처치가 필요하다는 뜻이다. 특별한 처치란 단순히 성 중독에 대해 대화하는 것 이상의 것이다. 단순히 음란물을 보는 행위를 중단하는 것 이상의 치료가 필요하다. 영적 요소를 고려

해야만 한다. 하나님의 개입하심이 있어야 한다. 중독된 사람은 음란물에 대한 관심에서 벗어나 건강한 활동에 관심을 돌릴 수 있도록 하나님께 구해야 한다. "현재 제가 가진 참으로 해롭고 파괴적인 이 관심에서 벗어나도록 도와주십시오." 이것은 건강한 인간관계와 건강한 결혼 생활을 장려하고자 하는 이 책의 주제와도 부합한다. 건강한 관계와 결혼 생활이 회복되면 하나님이 원래 우리 안에 심어놓으신 성적 욕망과 욕구를 왜곡된 방식으로 보완하거나 충족하기 위해 음란물이 필요하지는 않을 것이다.

음란물에 심취할 때 분비되는 엔도르핀과 아드레날린에 의존했다면, 운동이나 사고력 증진 프로그램, 모험(스카이다이빙도 괜찮다)과 같은 건강한 방법들로 대체할 필요가 있다. 우리의 뇌에 활력을 주고 더 즐겁게 해줄 활동들을 찾아보고, 중독물에 의지하지 않아도 충분히 재미있는 대안들을 발굴해야 한다. 때로 중독이나 다른 인생의 악재들로 의기소침해진 사람들은 우울증에서 벗어나고 싶어서 더욱 음란물에 의지하고 자위행위를 한다. 하지만 그럴수록 우울증은 더 심각해질 뿐이다. 인생에 대한 공허감은 깊어지고 더 심한 죄책감에 시달릴 뿐이다.

생각해보기

1. 음란물에 심취하거나 부적절한 행위를 할 때 분비되는 엔도르핀과 아드레날린에 중독되어 있지는 않는가? 뇌에서 이런 화학 물질들이 왕성하게 분비될 때 경험하는 쾌락 때문에 음란물에 심취해 있지는 않는가?

2. 성 중독과 다른 중독들이 어떤 점에서 차이가 있다고 생각하는가?(특별히 자신의 경험에 비추어서 이야기해보라.)

3. 중독을 대체할 수 있는 건강하면서 더 바람직한 대안은 무엇이 있는가?

7. 성경 읽기 _ 고린도전서 6:15-20

음담패설이
난무한 점심시간

    태드(Tad)는 열여덟 살 때 목재소에서 여름 한철 아르바이트를 했다. 지금 그의 장인이 바로 그 목재소에 지분을 갖고 있었다. 이 십대 소년은 많은 부분에서 그 누구보다 장래가 촉망되는 소년이었다. 1969년 여름, 그는 세상의 어둡고 지저분한 모습들을 엿보게 되었다.

    그 목재소에는 진짜 사내들이 일하고 있었다. 그들은 대부분 좋은 사람들이었지만 행동이 다소 거칠었고 태드가 전혀 경험해보지 못한 인생 경험과 시각을 갖고 있었다. 고된 육체 노동을 해야 했지만 태드는 그 여름을 보내면서 더욱 튼튼하고 강인해졌다.

    그러나 태드가 그곳에서 가장 견디기 힘든 시간은 점심시간이었다. 상스러운 말과 야한 농담까지는 그런대로 무시하고 견딜 수 있었지만, 점심을 먹는 간이식당에서 만큼은 감당하기가 너무나 벅찼다. 외딴곳에 별도로 마련된 작은 건물에 위치한 간이식당은 잡지에서 오려낸 야한 옷차림의 여자 사진들로 도배가 되어 있었다. 단순히 한두 명의 사진이 몇 군데 붙어 있는 수준이 아니라 말 그대로 벽이며 천장, 심지어 의자까지 여자들의 사진으로 가득했다. 〈플레이보이(Playboy)〉지 부록들의 전체 역사가 한눈에 보였다. 순진한 소년이 감당하기에는 괴롭고 당혹스러운 장면들이었다.

    태드는 고심 끝에 그곳에서 점심을 먹지 않기로 결정했다. 그래서 그해 여름 거의 매일 샌드위치를 들고 나와 밖에서 점심을 먹었다. 음란물로 마음을 채우지 않기로 선택한 것이다. 목재소 일꾼들은 짓궂게 그를 놀렸지만 태드는 자신이 올바른 선택을 했음을 알고 있었다.

그 당시에는 이런 사진들을 직장에 버젓이 내걸어도 용인되었을 뿐 아니라, 사내들의 세계라면 당연히 그래야 한다는 인식이 팽배했다. 이런 환경에서 남자들은 여자들에게 모욕적인 사진들을 자랑스레 과시하는 경우가 많았다. 불행히도 이 시기는 미국 사회에서 음란물에 대한 너그러운 태도가 깊게 뿌리내리고, 음란물이 번성하게 된 기점이 되었다. 그 식당의 사진들을 볼 때 세월이 흐르면서 노출 수위와 외설의 정도도 점점 더 심해졌다는 것을 분명히 알 수 있다. 오늘날 그런 사진을 공개적으로 걸어놓는 것은 법에 저촉된다. 여성을 공개적으로 희롱하지 못하도록 금지한 성희롱 방지법들이 있기 때문이다.

각기 자신이 어떻게 음란물에 관심을 갖기 시작했는지 알아보는 것은 자신의 상태를 인정하는 데 필수적이다. 꼭 다루어야 할 근본 원인이 있다. 그 원인을 찾아내서 분석하고 해결하는 기회를 가져야 한다. 오랜 세월 동안 지속적으로 숨겨왔다면 더 이상 비밀이라고 할 수도 없다.

생각해보기

1. 어떻게 처음에 음란물을 접하게 되었는가?
2. "남자라는 소리를 들으려면 그래야 돼. 진짜 사내가 된 거지. 남자라면 당연한 거야. 안 그래?"라는 핑계를 대며, 별로 심각하지 않게 여긴 일들이 있는가? 불행하

게도 그런 일은 계속해서 당신의 사고를 왜곡시키고 있다.

3. 인격 형성기에 고리타분한 주일학교 학생들과 달라 매료되었던 남자들, 즉 닮고 싶은 '나쁜' 남자들이 있었다면 어떤 이들인가? 그들의 어떤 태도와 행동이 부러웠고 닮고 싶었는가? 그때는 몰랐지만 그들의 관심사에 대해 매료되어 부러워한 부분이 있었다면 무엇인가?

8. 성경 읽기 _ 이사야 44:9

기만이라는 거짓말

　일반적으로 남자들이 처음 음란물을 접했 때 스스로를 타이르며 하는 거짓말은 다음과 같다. "그냥 호기심 차원일 뿐이야", "어떤 내용인지 알아보고 싶을 뿐이라고", "인터넷 서핑 중에 한번 둘러보는 거야", "친구들에게 얕보이고 싶지 않아", "걔들과 어울리고 싶어", "흥미 차원이라고 생각해", "대체 무슨 내용이길래 다들 그러는지 알고 싶을 뿐이야."
　결과에 대해 아무 생각도 없이 음란물에 빠진 한 젊은이가 생각난다. 음란물을 볼 수 있는 기회가 생기자 그는 재미삼아 음란물을 즐겼다. 순진한 청년이었다. 그는 이런 일이 잘못이라는 생각조차 들지 않았다. 나와 오랫동안 상담을 했던 또 다른 십대 소년이 있다. 그는 유명한 만화 주인공이 적나라한 성 행위를 하는 장면이 그려진 음란물을 가져가면 친구들이 인정해주리라고 생각했다. 그 그림들을 학교에 가져가면 자신의 유능함을 보여줄 수 있고, 친구들도 자기를 알아줄 것이라고 생각했다. 하지만 학교 친구들에게 그 그림을 보여준 후, 한 불량 학생이 다른 그림들을 가져오지 않으면 가만두지 않겠다고 그 소년을 협박했다. 그 다음날 학교 복도에서 그것을 건네주던 중, 교감 선생님이 두 학생을 현장에서 붙잡았다. 두 학생은 정학을 당했고 부모들까지 그 일로 큰 망신을 사게 되었다. 그 사건으로 그 십대 소년은 귀중한 인생의 교훈을 배웠다.
　음란물은 다양한 형태의 거짓말로 우리에게 속살거린다. 음란물을 이용하면 친구들이 더 인정해줄 것이며, 중요한 기교들을 배우게 될 것이라는 생각은 음란물 중독으로 끌고가는 미끼일 뿐이다. 점점 더 강력한 자극이 필요하다는 것을 깨닫는 데 그리 많은 시간이 걸리지 않는다. 이 과정의 문제는 그 덫이 '악한 자'에 의해 교묘하게 고안된 것이어서 누구라도 인식하지 못한 채 걸려들 수 있다는 것이다.

생각해보기

1. 처음 음란물을 보고 싶도록 유혹한 것은 무엇이었는가?
2. 어떻게 하면 음란물을 탐닉하지 않을 수 있었겠는가?
3. 음란물에 심취하는 것이 별로 대수로운 일이 아니라고 스스로를 타이른 거짓말은 무엇이었는가?

9. 성경 읽기 _ 골로새서 3:5

고 립

　많은 사람들에게 음란물은 은밀하게 짓는 죄악이다. 그들은 음란물을 숨겨놓고 사람들의 시선을 피해 몰래 즐긴다. 그것에 대해 아무에게도 이야기하지 않으며 친구든 배우자든, 그 누구에게도 자신이 음란물에 빠져 있음을 털어놓지 않는다. 자신만 알고 치르는 은밀한 전쟁이다. 철통같이 지켜야 하는 비밀이며, 당신을 내면에서부터 갉아먹는 비밀이다. 그래서 외설 잡지들을 트럭 공구함에 숨겨놓거나, 가족들의 눈에 띄지 않게 어둡고 구석진 곳에 숨겨놓는다. 음란 비디오테이프들을 아무도 찾지 못하는 곳에 꼭꼭 감추어놓는다. 아내나 여자 친구가 집에 없을 때만 가져와서 보거나, 가게에서 늦게까지 일할 때, 혹은 아내가 주말에 친정에 가고 없을 때 꺼내 와 볼 것이다. 아니면 식구들에게 들키지 않으려고 모두가 잠든 한밤중에 일어나 인터넷을 들여다볼 것이다.

　음란물은 고립으로 이끄는 죄악이다. 물론 때로는 함께 모여 농도 짙은 농담을 주고받거나, 친한 친구들과 대화할 때 음란물에 대해 이야기할 때도 있다. 하지만 중독 사실은 여전히 혼자만의 비밀이다. 혼자서만 끙끙거리지 말고 공개하기를 적극 권한다. 전문가의 도움을 받으라. 음란물에 심취에 있는 것은 심각한 문제이며, 그로 인해 병들고 있음을 인정하라. 혼자 있는 시간이 생기기 않도록 환경을 조성하라. 사단은 당신을 더 고립시키기기를 원할 것이다. 그래야 음란물에 더 깊이 중독될 수 있고, 스스로 자신을 더 합리화시키며, 스스로 쌓아올린 비밀과 거짓의

담 너머로 자신을 은폐할 수 있기 때문이다.

음란물 사용은 종종 외로움이나 고립감이 원인일 수 있다. 남자들은 공허감을 메우기 위해 음란물에 빠진다. "날 원하는 여자 친구나 아내가 없습니다", "아내와의 관계가 성에 차지 않습니다", "지금 내 모습은 내가 원하던 것이 아닙니다." 그래서 이런저런 이유로 환상의 세계에 살고 싶어서 음란물에 빠진다. 하지만 오히려 고립감은 더욱 심해진다. 일단 음란물에 빠지면 죄책감이 들고, 그것이 사회적 금기라는 생각이나 당혹감 때문에 더욱 고립된다. 심지어 마치 어린아이처럼 아무에게도 들키지 않고 무사하다는 생각 때문에 기분이 들뜨는 사람도 있을 것이다. 어떤 사람들은 자신의 경력에 누가 되거나, 교회에서의 위치나 자신에 대한 가족들의 시선에 영향을 미칠까 두려워서 중독 사실을 털어놓는 것을 주저한다. 이렇게 되면 계속적인 악순환이 시작된다. 고립은 더 심각한 고립으로 이어진다. 알코올 중독자 회복 모임(AA, Alcoholics Anonymous)에는 다음과 같은 매우 유익한 권면 사항이 있다. "고백하지 않고 비밀로 하는 만큼 중독은 심해진다."

당신은 자신의 중독을 얼마나 은폐하고 있는가?

생각해보기

1. 음란물에 빠진 사실을 혼자만의 비밀로 간직하며 괴로워하고 있지는 않는가?
2. 앞으로 어떻게 할 생각이며, 제일 먼저 누구에게 자신의 상태를 털어놓고 싶은가?
3. "매우 고통스럽습니다. 혼자서는 이 중독에서 벗어날 수 없습니다"라고 기꺼이 인

정할 자세가 되어 있는가? 누군가에게 고백하지 않는다면, 스스로 음란물 중독에서 벗어날 수 있다고 자신을 속이는 것이며, 결국 상황만 더 악화될 뿐임을 명심하라.

4. 함께 운동을 하거나, 차를 마시고 골프를 치거나, 영화를 보러 갈 경건한 동성 친구가 있는가? 즉, 건전하고 즐거운 일을 함께할 수 있는 신앙적으로 성숙한 친구가 있는가?

10. 성경 읽기 _ 에베소서 4:15-19

자기기만은 그만!

합리화란 어떤 결정을 정당화시키기 위해 자기 자신과 벌이는 게임이다. 우리는 매우 다양한 수준에서 다양한 문제들을 두고 합리화를 시도한다. 일을 그만두는 것부터 중독을 피하거나 물건을 구매하며 어떤 결정을 내리는 일에 이르기까지, 어떤 상황에서든 우리는 대부분 올바른 방향으로 합리화할 능력이 있다. 합리화 작업은 우리 시간이나 가족 그리고 재정 문제에 관해 좋든 나쁘든 우리에게 가장 중요한 것이 무엇인지 판단하는 데 도움이 된다.

그러나 음란물에 중독된 자신을 합리화하는 경우라면, 자신을 기만하는 게임을 벌이고 있는 것이다. 지난 세월 나는 상담을 진행하면서, 자신의 행동을 합리화하는 온갖 변명과 핑계를 들어왔다. 당신은 어떤 자기 합리화를 시도하는가? "그건 누구에게도 상처를 주지 않습니다", "이건 저의 개인적인 일입니다", "아무에게도 알릴 필요가 없습니다." "그런다고 해서 성병에 걸리는 건 아니지 않습니까?", "땀나도록 열심히 사니까 그 정도 쾌락은 보상받아야 합니다", "아내와의 성생활이 불만족스러워서 이렇게 하면 도움이 됩니다", "아내가 나를 이해해주지 않는단 말입니다", "그런 비디오를 보면서 많은 걸 배웠습니다", "마음이 편안해져요", "그건 불법도 아니고 더군다나 난 성인입니다", "어쩔 수가 없어요", "아버지 때문에 보기 시작했어요", "언제라도 결심하면 그만둘 수 있습니다", "그렇게 심각한 일이 아니잖습니까? 선생님은 필요 이상으로 그 문제를 심각하게 보시는 것 같군요."

변명의 내용을 소개하자면 끝이 없다. 문제는 그 모든 변명이 거짓이라는 데 있다. 음란물에 심취하는 자신을 합리화하기 위해 이런 헛된 시도들을 중단하지 않는 한, 그 문제의 실체를 정면으로 직시하기란 불가능할 것이다. 즉, 당신을 지배하고 매일 당신의 의식을 떠나지 않는 중독 사실을 인정하고 직면할 수 없는 것이다.

자신을 기만하는 행위를 중단해야 한다! 거울 속에 비친 자신의 모습을 정직하게 바라보라. 변명을 그만두고 온전한 회복을 위해 발걸음을 내딛는 작업을 지금 당장 시작하라.

생각해보기

1. 당신은 어떤 핑계를 대고 있는가?
2. 음란물 중독이라는 문제를 정식으로 다루고 싶을 때는 언제인가?
3. 어떻게 그 문제를 해결할 계획인가?

11. 성경 읽기 _ 이사야 55:7

자가 진단: 자신기만은 그만!

이 자가 진단표의 목적은 음란물 중독을 합리화하기 위해 스스로를 세뇌해왔던 말들을 점검하는 데 도움을 주기 위한 것이다. "그렇다"라고 대답한 항목을 살펴보면, 회복 과정이나 치료 과정에서 다루어야 할 구체적인 항목을 알 수 있다.

다음의 항목 가운데 음란물에 심취하는 자신을 합리화하기 위해 사용했던 말들은 몇 가지나 되는가?

자신이나 다른 사람들에게 다음과 같은 말로 자신을 합리화했다.	그렇다	아니다
아내와는 원만한 결혼 관계를 유지하고 있다. 건강한 성생활을 하고 있다. 이건 단지 재미로 하는 것일 뿐이다.		
원하면 아무 때라도 그만둘 수 있다. 그렇게 심각한 일이 아니다.		
그건 완전히 사적인 것이다. 아무도 내가 음란물을 즐긴다는 것을 알 수가 없다.		
음란물을 즐긴다고 돈이 들지는 않는다. 가족에게 써야 할 돈을 엉뚱한 데 쓰는 게 아니다.		
누구나 조금씩은 이런 일을 즐긴다.		
아내가 내 욕구를 제대로 충족시켜주지 않는다. 내가 원해도 아내는 나를 거부한다.		
난 가족을 위해 최선을 다한다. 그러니 이 정도는 즐길 권리가 있다. 스트레스를 푸는 데 도움이 된다.		
아내는 내가 원하는 방식의 성생활을 절대 좋아하지 않을 것이다.		

음란물은 성병을 옮길 위험이 전혀 없는 '안전한 성관계'를 즐기게 해 준다.		
난 변태가 아니다. 내가 이런다고 해서 누가 상처를 입거나, 불법을 저지르는 건 아니다.		
참고용으로 음란물을 보는 거다. 그러면 아내에게 더 잘할 수 있다.		
아내가 피곤하거나 나를 거부할 때 아내의 부담감을 덜어줄 수 있다.		

음란물에 관심을 갖게 된 계기

한 개인이 음란물에 심취하는 원인은 여러 가지일 수 있다. 때로 외로움 때문에 음란물에 끌릴 수도 있고, 건강한 관계들을 누리지 못해 음란물에 빠지기도 한다. 누구에게도 사랑받지 못한다는 박탈감 때문일 수도 있고, 스스로를 사랑하지 못해서 그럴 수도 있다. 분노가 원인이 되는 경우도 있다. 자신에게 더 많은 것을 누리고 받을 자격이 있다는 감정이 내면 깊숙이 자리 잡고 있거나, 가질 수 없는 것을 가지고 싶어 하는 욕망이 있는 것이다.

남자들은 스트레스 때문에 음란물 중독에 빠졌다고 종종 밝힌다. 음란물에 심취하는 동안 직장의 스트레스나 재정적 불안 혹은 살면서 부딪히는 각종 부담감에서 한숨 돌릴 수 있다고 생각한다. 스스로 인지하고 경계하지 않는 수많은 요인들로 인해 음란물에 중독될 수 있다.

자신이 음란물에 빠지는 이유, 즉 음란물에 중독된 근본 원인이 무엇인지 알고 음란물을 통해 회피하고자 하는 것이 무엇인지 파악하면, 음란물 중독에서 벗어날 수 있는 길이 열린다.

생각해보기

1. 음란물에 심취하게 된 가장 근본적 이유는 무엇인가? 외로움인가? 분노 때문인

가? 혹은 스트레스가 원인인가?

2. 음란물에 빠지게 된 원인을 확실하게 파악했을 때가 언제인지 기억하는가?

3. 음란물에 더 심각하게 중독되도록 자신을 계속 괴롭히는 한 가지 원인을 소개한다면 무엇인가?

12. 성경 읽기 _ 고린도후서 10:5

폰 섹 스

　음란물에 중독된 남자들은 전화 고지서에 불법 전화방이나 '060' 전화 사용료가 찍혀 있는 것을 누가 볼까봐 극도로 경계한다. 폰 섹스 광고는 비디오와 텔레비전뿐 아니라 수많은 출판물을 통해 사람들을 끊임없이 유혹하고 있다. 사람들이 이런 전화에 혹하는 이유는 누군가와의 대화를 통해 자신의 성적 환상을 '생중계'로 나눌 수 있다는 믿음 때문이다.

　그러나 사실 당신과 대화하는 사람은 다른 도시에 사는 사람일 수도 있고, 업체에 최소 저임금으로 고용된 타 국가의 사람일 수도 있다. 그 여자는 당신과 생면부지의 사람이며 당신에 대해 개인적인 관심이 전혀 없다. 그녀는 가능한 장시간 당신을 붙들어두기 위해, 당신이 듣고 싶어 하는 말은 무엇이든지 해줄 것이다. 그것이 그들이 돈을 버는 방식이다.

　한 달에 폰 섹스 비용으로 600달러 이상을 썼다고 털어놓은 환자가 있었다. 이런 특별한 형식의 음란물에 중독되면 아무리 애를 써도 결코 흡족할 정도로 만족하는 법이 없다. 더욱이 폰 섹스 업자들은 교묘한 상술을 사용한다. 처음 몇 분간은 무료나 저렴한 비용으로 서비스를 해주지만, 그 이후 시간에는 더 많은 요금을 부과하는 식이다. 그들은 이용자가 점점 더 흥분하게 된다는 것을 알고 있기 때문에, 가능한 한 길게 그를 전화상에 붙들어놓으려고 한다. 사용자가 전화를 끊지 못하도록 여러 수법을 동원한다. 남자들은 계속해서 그 수법에 걸려든다. 그들은 폰 섹스가 실제라고 믿는다. 얼마나 황당한 착각인가!

생각해보기

1. 폰 섹스를 시도해본 적이 있는가?
2. 폰 섹스를 할 때 어떤 기분이었는가?
3. 이제는 그만둔 상태인가? 아니면 그만둘 적극적인 의사가 있는가? 만약 그만둔 상태라면 어떤 방법으로 그만둘 수 있었는가?

13. 성경 읽기 _ 히브리서 4:12-13

세대로 이어지는 죄

세대로 이어지는 죄란, 조상의 죄가 다음 세대로 이어지는 죄를 의미한다는 점에서 성경적인 근거가 있다. 이런 죄악들이 부모를 통해 학습되는 행위인지, 유전적인 것인지 혹은 영적인 문제인지 단정하기란 어렵다. 어떻든 죄가 다음 세대로 전수된다. 어떤 가정의 경우, 알코올 중독이나 여타 중독들이 세대를 거쳐 지속적으로 나타난다. "할아버지가 술을 입에 달고 사셨고, 아버지도 그랬으며, 나도 그분들을 통해 술 마시는 법을 배웠다. 남자라면 누구나 남자임을 증명하기 위해 술을 마시지 않는가?"

음란물 중독 역시 세대로 이어지는 경우가 많다. 아버지에서 아들로 혹은 삼촌에서 조카로 이어지는 영적 범죄이다. 근본 원인이 무엇이든 이렇게 세대로 이어진다는 것은 그 행위가 정상적이며 용인될 수 있다는 집안 분위기가 있다는 뜻이다. "할아버지가 욕실에 여자 누드 사진이 실린 잡지를 두셨어요. 가족 가운데 그 누구도 그것을 지적하지 않았고 할아버지도 전혀 개의치 않으시는 듯했어요. 그러니 이런 사진들을 본다고 누가 뭐라고 하겠어요? 집에 인터넷이 설치되자 난 음란 사이트들을 보기 시작했어요. 그 사실을 알아차리는 식구는 아무도 없는 것 같았어요. 그런데 문제될 것이 있나요?" 이런 식의 생각을 하거나 말을 한 적은 없는가?

그렇다면 어떤 점이 문제가 되는가? 가정의 도덕성이 무너지는 것이다. 문자 그대로 도덕성이 파괴되는 것이다. 순결과 정절, 여성을 존중하고 아끼는 덕목들이 타협되거나 아예 실종된다. 건강한 관계들이 하찮은 것으로 취급되거나 자녀들을 위한 역할 모델이 실종된다. 중독 행위들이 지속적으로 합리화되어 스스럼없이 용인된다.

세대로 이어지는 죄는 경제적인 지위나 사회적 지위, 혹은 교회에서 맡은 역할과는 무관하다는 사실을 유념할 필요가 있다. 빈곤 가정의 자녀들이든 부유층의 자녀들이든 수많은 중독에 빠질 위험성은 모두에게 예외가 아니다. 외관상 화목하고 선량해 보이는 가족이라 해도 가족 구성원의 삶을 파괴하는 죄악이나 음란물 중독이 없으리라고 장담할 수 없다.

세대로 이어지는 죄는 오직 회개를 통해서만 단절될 수 있다. 음란물 중독이 악한 죄악이라는 고백과 더불어 행동의 변화가 있어야 한다. 당사자는 음란물을 보는 행위를 중단하겠다고 결단하고, 가족들은 더 이상 그런 행동을 용인하지 않겠다고 분명히 말해야 한다. 쉽지는 않겠지만 세대로 이어지는 죄는 효과적인 상담과 더불어 성령의 도우심과 하나님의 능력이 함께하면 단절시킬 수 있다. 그렇게 해서 아들과 손자들과 증손자들을 세대로 이어지는 죄라는 무거운 멍에서 해방시킬 수 있다.

만약 이런 중독의 시초가 당신이라면, 당장 그 행위를 멈추고 미래 세대가 영향을 받지 않도록 하라. 이 죄를 '물려준' 이가 당신이라면 지금 당장 그 사슬을 끊으라. 당신에게 그렇게 할 수 있는 내적 힘과 용기가 있다고 확신한다.

생각해보기

1. 당신이 짓고 있는 죄가 다음 세대로 이어질 수 있는 죄는 아닌가? 스스로 의식조차 못하는 무의식적인 차원에서 당신에게 영적 영향을 미치지는 않았는가?
2. 자신이 세대로 전달되는 죄를 짓고 있다면, 당장 그 죄를 끊을 용의가 있는가?
3. 자녀들이 세대 간 중독이라는 멍에를 지고 가지 않도록 하기 위해서는 어떻게 해야 하는가?

14. 성경 읽기 _ 민수기 14:18, 마태복음 18:6

수 치 심

수치심이란 아무도 거들떠보지 않는 망가진 성탄절 장난감이 된 듯한 심리 상태라고 할 수 있다. 수많은 남성들이 깊은 수치감에 시달리고 있으며, 때로 그 수치감 때문에 충동적으로 음란물에 심취하거나 관심을 갖게 된다. 만족할 만큼 승진하지 못하거나, 부모나 자기 스스로의 기대에 부응할 만큼 성공하지 못했다는 사실 때문에 자괴감에 시달리고 수치심을 가질 수 있다. 성적 불능이나 성기 크기, 혹은 여자들에 대한 자신감 부족으로 수치심을 가질 수도 있다. 혹은 여자들을 정서적으로, 혹은 사교적으로 어떻게 만족시켜야 할지 몰라 괴로워할 수도 있다.

그런 사람들은 상실감에 빠져 자신은 절대 사람들의 기대에 미치지 못할 것이라고 단정한다. 그래서 음란물을 통해 환상의 세계를 만들어내려고 하지만, 오히려 수치심만 더욱더 악화된다. 음란물은 "이제 멋진 남자가 될 수 있어. 젊음을 되찾을 수 있어. 강한 근육도 가질 수 있고 여자들이 끔뻑 넘어갈 만큼 훌륭한 잠자리를 선사할 수 있어"라는 환상을 심어준다. 그러나 음란물을 보고 돌아서면, 자신이 끝없이 펼쳐진 바다 위로 허허로이 날리는 깃털 조각이 된 것 같은 공허감이 음습한다. 그 사람은 훨씬 더 깊은 무력감을 느끼고 남자로서 자신감도 더욱 약해진다. 수치감이 더욱 심하게 그를 장악한다. 성취감을 갈망하며 음란물에 의지하지만, 환멸을 느끼고 더 심각한 수치심과 상실감으로 이어지는 악순환이 시작된다. 이 악순환은 반드시 깨뜨려야 한다.

자신의 수치심을 점검해보고 그 원인을 알아보는 것이 필요하다. 스스로를 인생의 패배자인 양 느끼는 것은 하나님이 주신 감정이 아니다. 그런 감정들은 스스로 자초한 것이다. 계속 자신을 학대하는 상황에 방치하거나, 자기 최면을 통해 이런 믿음을 스스로 발전시켜왔을 것이다. 어쩌면 사단에게 억눌려왔을 수도 있다. 우리는 하나님의 자녀다. 완전한 존재로 지음받았다. 우리는 세상에서 유일무이한 소중한 존재다. 그러므로 자유로운 존재다.

생각해보기

1. 어떤 문제로, 얼마나 수치심을 느끼는가?
2. 위에서 소개한 악순환 가운데 자신이 **빠져나오지** 못하고 갇혀 있다고 생각되는 부분은 어디인가?
3. 가장 쉽게 깨뜨리고 자유로워질 수 있다고 생각되는 부분은 어디인가?

15. 성경 읽기 _ 이사야 54:4 상

성 적 학 대

음란물에 빠진 사람들 중에는 아버지나 삼촌, 혹은 형을 통해 음란물에 노출된 경우도 있고, 성적 학대를 당한 경험이 있는 사람들도 있다.

성적 학대는 비극적인 일이다. 성적 학대를 당하면 그 사람의 인생은 송두리째 달라진다. 특히 남자들에게 성적 학대는 폭력이다. 그 고통은 말로 표현할 수 없을 정도다. 특별히 어린 시절과 초기 성장기에 강제 삽입을 당했거나 심각한 성적 학대를 당했을 경우, 혹은 반복적으로 성추행을 당했다면 더욱 그렇다.

성적 학대는 한 개인의 성에 대한 인식을 왜곡시킨다. 그러므로 성적 학대를 당한 사람들은 음란물을 자신들이 노출되었던 그 세계의 연장에 불과하다고 생각한다. 그들은 이미 자신이 폭행당하고 파괴되었다고 생각하기 때문에, 음란물을 보는 것이 잘못됐다거나 추하고 부적절한 것이라고 생각하지 못한다. 망가진 존재라는 파괴적 심리는 음란물 접촉과 중독으로 이어지는 중요한 원인 가운데 하나다. 자신이 다른 이들과 다르며 정상이 아니라고 인식하는 것이다. 또한 성적 학대는 개인의 자존감, 정체성, 독립성을 박탈한다. 소중한 사람에게 주고 싶은 순결하고 깨끗한 것을 수치스러운 것으로 인식한다. 자신은 아무도 원하지 않는 깨진 장난감이라고 생각한다.

그러나 성적 학대의 고통에서 치유될 수 있는 방법이 있다. 핵심 처방은 이러하다. 1) 도움이 필요하다. 당신이 당한 일에 대해 솔직하게 털어놓을 수 있는 사람을 찾아야 한다. 그래서 그 고통을 밖으로 분출해야 한다. 2) 건강한 성이 무엇인지를 아는 사람들과 교제하며, 음란물이나 외설 잡지가 아닌 건강한 책들을 읽어야 한다. 건강하고 정상적이며 존경할 수 있는 사람들이나 대상들을 가까이하라. 인간에 대해 단순히 육체나 성행위 자체의 매력이 아니라, 마음으로 감동받고 정서적으로 교류하는 영역들을 찾아보라.

사람들은 일탈에 대한 구실로 종종 자신이 학대받았던 상황을 이용한다. 늘 그렇게 살아왔다거나 그렇게밖에 돼먹지 않은 존재라서 어쩔 수 없다고 말하며, 자신은 희생자라고 강조한다. 희생자라는 생각을 멈추어야 한다. 그런 식으로 핑계를 대서는 안 된다. 이 문제를 정면으로 다루고 이렇게 말해야 한다. "그렇다. 나는 폭력을 당했다. 하지만 그렇다고 해서 음란물에 심취하고 내가 미워하는 바로 그것을 계속함으로써 나 자신을 더럽히거나, 배우자를 모욕하는 구실이나 이유로 삼을 수는 없다."

생각해보기

1. 성적 학대를 당한 적이 있는가? 그렇다면 그런 일을 겪었음을 인정하고, 얼마나 심각했는지 이야기해보라.
2. 그 고통을 드러내고, 그 고통으로부터 벗어나기 위해 어떻게 해야 하는가?
3. 건강한 성이란 어떤 것이며, 어떻게 하면 건강한 성생활을 누릴 수 있는가?

16. 성경 읽기 _ 시편 59:1-4

미 혼

현대 사회에서 미혼들은 보통 20대 중반이 넘어서야 약혼이나 결혼을 한다. 어떤 문화권의 젊은이들은 사춘기를 지나면 바로 결혼하는 경우도 있다. 한 사람 이상의 배우자를 두는 관습이 일반적으로 통용되는 사회도 있다. 예를 들어 HIV나 에이즈가 기승을 부리는 아프리카의 일부 지역에서는, 남자가 본처가 사는 '큰 집'과 네다섯 명의 첩들이 사는 '작은 집'을 두고 성관계를 하는 문화가 허용된다.

서구 문화에서 미혼자들의 삶은 불편한 점이 많다. 어디로 가야 성적 긴장을 건강하게 해소할 수 있는가? 자위를 해야 하는가? 그런 행위가 그들의 신앙적 가치관과 부합되는가? 누군가와 함께 있고 싶다는 자연적 욕구를 어떻게 처리해야 하는가? 단지 성관계뿐 아니라 친밀감을 누리고 삶을 나누고 싶다는 욕구는 어떻게 처리해야 하는가?

이런 이유로 미혼자들이 음란물에 훨씬 더 끌리는 것인지 모른다. 적어도 기혼자는 애정이 있고, 친밀함을 나누며, 스스럼없이 긴장을 풀어내는 관계 속에서 배우자와 성관계를 나눌 수 있다. 하지만 미혼자들은 기혼자들처럼 이런 관계를 나눌 수 없기 때문에 음란물의 쉬운 먹잇감이 되고, 그 유혹에 쉽게 굴복할 위험성이 있다. 음란물에 심취하는 미혼자들은 간음이나 부정을 저지르지 않고 성적 욕구를 해소할 수 있다고 생각한다. 그러나 음란물은 욕정을 해소하는 성적 행동이기 때문에 간음이나 마찬가지다. 중독자가 타인의 파트너를 탐한다는 면에서 훨씬 더 심각한 성적 죄악이 될 수 있다. 그런 일이 생기면 그 미혼자는 육체적으로, 정신적으로, 정서적으로 넘지 말아야 할 선을 넘어버린 것이다.

이 사회에서 미혼자들이 성적 욕구를 처리하기가 쉽지 않다는 건 인정한다. 특별히 순결을 지키고자 하는 사람들은 더욱 그렇다. 대화를 나누면 도움이 된다. 자신을 지지해주고 이해해줄 수 있는 사람들과 함께하는 게 도움이 될 수 있다. 때로 성적 욕구를 건전하게 해소할 수 있는 활동이나 운동을 해보는 것도 좋다. 그러나 솔직히 말해 왕성한 성욕은 본능이기 때문에 수많은 남자들은 여전히 어려움을 겪을 수밖에 없다.

미혼의 문제는 단순히 젊은 사람들에게만 국한되지 않는다. 나이는 많지만 여러 환경적 이유로 미혼인 사람들이 많이 있다. 이혼이나 사별을 겪은 사람들도 있고, 배우자가 오랫동안 질병과 싸우고 있거나 과거의 성적 학대나 충격 때문에 성관계를 거부할 수도 있다. 누구나 성적 긴장의 문제로 괴로워할 때가 있다. 결혼을 했다 해도 성욕을 해소하고 친밀감을 확인할 기회가 부족할 수도 있다. 이 싸움은 실제적이며 도전적이다.

한 가지 더 강조하고 싶은 사실이 있다. 성적 욕구를 표현하는 것은 매우 중요하지만, 그것은 단지 전인적 존재인 인간의 한 부분에 불과하다는 것이다. 우리는 지적인 존재로서 지식에 목마를 때도 있고, 자신의 분야에서 실력을 인정받고자 노력할 때도 있으며, 그 외에 다른 관심사와 생각과 목표들도 있다. 사회가 성에 대한 문제를 지나칠 정도로 부각시키는 측면이 있다. 성은 우리 전체 인생과 인격의 일부분일 뿐이다. 그러므로 균형 잡힌 시각을 유지하고, 왕성한 성관계를 해야 완벽하다는 식의 과장된 강조를 하지 않도록 해야 한다. 성관계 없이 금욕적인 생활을 해야 하는 시기가 있다 해도 우리는 완전한 존재다.

생각해보기

1. 당신은 미혼인가? 미혼으로서 살아가는 것이 성적인 부분에서 힘들지는 않는가?
2. 에너지를 어떻게 건강하게 표출할 수 있는가?
3. 미혼이라면 성적 욕구를 어떻게 처리해야 하는가?

17. 성경 읽기 _ 고린도전서 7:8-9

거절에 대한 두려움

남자들이 음란물에 쉽게 빠지는 이유 가운데 하나는, 스스로 원하는 여성상을 고를 수 있고, 테이프를 빠르게 감거나 앞으로 되돌려도 상관없으며, 선호하는 웹 사이트를 마음대로 선택할 수 있기 때문이다. 또 원하는 잡지를 선택적으로 구입할 수 있고 전화 한 통화만으로 원하는 음성이 흘러나와 욕구를 쉽게 채울 수 있기 때문이다. 이런 행동에는 "아무도 나를 거절할 수 없다"는 의식이 깔려 있다. "그런 사진들이나 영상들은 내게 말대꾸를 하지 않는다. 내가 어떤 사람인지 전혀 판단하지 않는다. 육체적이거나 정신적이고 심리적인 어떤 이유로 인해 나를 거부하지 않는다. 무엇보다 가장 중요한 건 내가 원할 때 언제라도 응해준다는 점이다."

현실 세계에서 거절의 두려움은 실제적이다. 다음과 같은 사실을 의식하기 때문이다. "실제 대화를 해야 하고 그 사람에게만 헌신해야 한다. 사려 깊게 배려해야 하고 나를 드러내고 실제 내 모습을 보여주어야 한다." 음란물을 이용하면 거절당할까봐 두려워할 필요가 없다. 그래서 더 많은 구매 욕구를 자극하고 따라서 음란물 중독은 훨씬 더 복합성을 띠게 된다.

우리는 누구나 거절의 두려움을 경험한다. 누구나 특정 분야에서 자신이 부적합하고 무능하다고 느낀다. 스포츠나 음악, 공중 연설, 수학, 과학 기술, 사업 등 열거하자면 끝이 없을 것이다. 거절의 두려움이 무조

건 나쁜 것은 아니다. 오히려 그로 인해 두려움을 극복하는 법을 배우기도 한다. 두려움에 도전하고 극복함으로써 우리는 성장한다. 그러나 그런 두려움이 음란물 중독이라는 상황과 얽히면 건강한 두려움은 왜곡되고 악화된다. 음란물에 심취한다고 거절의 두려움이 절대 해결되지는 않는다. 사실 더 심해질 뿐이다.

우리는 각기 어느 정도 일종의 두려움을 경험하며 살고 있다. 초창기 신출내기 의사 시절에 자신이 겁쟁이라고 생각하는 환자를 치료한 적이 있다. 그는 근육질 몸을 만들기 위해 열심히 노력했다. 피나는 노력 끝에 결국 근사한 근육질의 매력적인 몸매를 갖게 되었다. 어느 날, 한 여자와 데이트를 하고 5층짜리 호텔의 꼭대기 객실을 찾았다. 그가 옷을 벗었을 때 그 여자는 무례하게 그의 성기가 볼품없고 작다고 깎아내렸다. 심한 충격을 받은 그는 5층 창문에서 뛰어내렸다. 훌륭한 신체 조건 덕분에 다행히 생명이 위험할 정도로 큰 부상을 입지는 않았지만 심리적으로 완전히 파산 상태가 되었다. 그는 우리 사무실을 찾았고 그 상황에 대해 대화를 나누었다. 그의 담당 의사와 상의한 결과 그의 성기는 정상이라는 판정이 내려졌다. 몸을 만들고 남자로서 당당한 자신감을 갖기 위해 그렇게 노력했음에도 불구하고, 그녀의 한 마디에 그의 자존감은 예리한 칼에 난도질당하듯 깊이 상처입었던 것이다.

우리는 모두 "누군가가 했던 말이나 행동 때문에 그것이 사실이 되지는 않는다"라고 분명히 말할 수 있는 건강한 자존감과 자신감을 가져야 한다. 거부당한 경험이 아무리 많아도 그것이 남은 인생에서마저 그럴 것이라는 뜻은 아니다. 우리는 누구나 변하지 않는 소중한 자질들을 갖고 있다. 우리 자신을 있는 그대로 이해하고 사랑하는 성실한 사람들과 진정한 관계를 맺음으로써, 그 자질들은 커다란 결실을 거두게 될 것이다.

생각해보기

1. 어떤 부분에 대한 거절의 두려움을 갖고 있는가?
2. 건강한 자신감을 갖기 위해 배우고 실천하며 지켜야 할 것은 무엇인가?
3. 어떤 부분에서 용납받고 거절당하지 않기 위해 음란물을 의지하는가?

18. 성경 읽기 _ 시편 35:1-4

2장

자아, 여성 그리고 타인들에게 끼치는 영향

마틴(Martine)은 지방 정부에서 근무하는 성공한 토목 기사이다. 그는 야한 동영상을 찾아 밤새 인터넷을 뒤지며 시간을 보낸다. 이제 37세가 된 그는 19세부터 지속적으로 음란물을 보았다. 일주일에 서너 차례 정도는 음란 사이트를 틀어놓고 야한 영상들을 보며 자위를 한다. 이렇게 자신을 방치한 결과 그는 육체적인 손상까지 입는 지경이 되었다. 음란물이 그의 마음과 영혼에 미친 영향은 말할 필요도 없다. 그는 온통 음란물 생각으로 가득 차 있고, 컴퓨터에 앉아 있으면 시간이 어떻게 가는지도 모른다. 그의 음란물 중독은 수면 부족으로 이어졌고, 툭 하면 직장을 결근할 정도로 심각해졌다. 마틴은 지금 직장과 결혼 생활, 건강까지 잃어버릴 위험에 처해 있다.

안젤라(Angela)는 35세의 교사이다. 그녀는 내 사무실을 처음 방문한 이후로 상담 시간이 되면 울음을 그치지 않는다. 남편이 인터넷 음란물에 심취해 있다는 것을 알게 되었던 것이다. 그녀뿐 아니라 열세 살 된 아들도 그 사실을 알게 되었다. 눈물을 펑펑 쏟으며 그녀는 내게 이렇게 묻는다. "마틴이 어떻게 나와 가족에게 이럴 수가 있을까요? 우리가 사는 모습은 지극히 정상이에요. 남편과 나, 둘 다 직장 생활을 하고 착실히 교회에 다닙니다. 서로를 사랑하며 정기적으로 관계도 가집니다. 내가 그렇게 고상한 여자는 아니지만, 그이의 모습이 건강한 건 아니라고 생각해요. 내가 무슨 잘못을 했을까요? 우리 부모님이 아시면 어떡하죠? 아들에게는 또 뭐라고 말해주어야 하나요?"

이런 날이 오리라는 걸 왜 몰랐을까요?

사람들과 상담하면 흔히 듣게 되는 질문이다. 모든 중독은 일정한 양상으로 진행된다. 처음에 대학이나 군대에서 단순한 호기심으로 시작한 것이 자신도 모르는 사이에 발전하는 것이다. 자신이 중독되고 있다는 것을 왜 몰랐을까? 중독의 본질상 눈이 멀고 맹목적이 되기 때문이다. 자신을 야금야금 잠식하고 있다는 걸 깨닫지 못한 것이다.

음주 운전으로 유죄 판결을 받는 사람은 종종 "내가 그렇게까지 술을 마셨는지 몰랐어요. 그 정도로 많이 마셨다는 생각이 들지 않았어요. 경찰관님, 난 다만…"이라고 변명한다. 직장에서 음란물을 보다가 걸린 직원은 "제가 왜 그렇게 어리석었을까요? 해고 사유가 될 수 있음을 알았는데 말입니다. 회사에서 감시하고 있는 걸 알았거든요"라고 되묻는다.

남자들은 내 사무실에 와서 이렇게 하소연한다. "아내가 지금 당장 집에서 나가라고 합니다. 나라는 인간이 어떤 사람인지 알고 너무나 역겹답니다. 또 그토록 오랜 시간 자신에게 거짓말을 해왔다는 사실이 용납되지 않는 모양입니다. 내가 이 지경이 되도록 왜 몰랐을까요?"

그건 그들이 듣지 않았기 때문이다. 또 믿으려 하지 않았기 때문이다. 음란물에 중독된 자신을 정직하게 그대로 바라보지 않았다. 귀를 막고 눈을 감았으며, 자신이 중독되지 않은 것처럼 행동했다. 제발 정신을 차리고 깨어나라! 그러면 그날이 오고 있음을 알 수 있다. 아내나 자녀에게 또는 상사에게 들킬 날이 올 것이다. 주의하지 않고 방치한 감염이 심각한 병을 초래하거나 심지어 죽음으로 이어지는 것처럼, 음란물 중독이라는 질병은 형언할 수 없는 고통과 상실을 초래할 것이다. 자신의 건전한 상식이 "나를 다치게 하지는 않을 거야. 난 괜찮을 기야. 난 예외야"라는 거짓말에 굴복하도록 두지 말라. 나쁜 일이라는 것을 알면서도 외면하고 우리 인생에 아무 영향을 미치지 않을 거라고 믿을 때, 우리는 누구나 위험에 처하게 된다.

생각해보기

1. 올 것이 오고 있음을 알고 있는가? 그것은 무엇인가?
2. 자신의 행동의 실체와 그것이 초래할 결과에 대해 귀를 막고 눈을 감고 있지는 않는가?
3. 중독을 극복하려는 의지가 있는가? 그렇다면 음란물을 통해 얻는 것 이상의 성취감과 만족감을 얻기 위해 어떤 일을 실천할 수 있을 거라 생각하는가?

19. 성경 읽기 _ 이사야 44:9

들킬 때의 위험과 들키지 않을 때의 위험

참으로 딜레마가 아닐 수 없다. 한편으로는 사람들의 눈을 피해 서점이나 비디오 대여점에 들르고, 컴퓨터에 비밀 번호를 걸어놓고 방문한 사이트의 흔적을 지운다. 당신이 어떤 게임을 벌이고 있건, 들킬 위험은 있다. 누구에게 들키는 게 가장 두려운가? 아내? 아이들? 당신의 직장 상사에게 들키는 건 어떤가? 많은 회사들은 컴퓨터 이메일이나 소프트웨어, 또는 인터넷을 검사할 수 있는 정교한 장치들을 갖추고 있다. 내 환자 가운데 대기업에 다니는 간부가 한 사람 있었다. 그는 하루에 여섯 시간을 음란물에 허비했다. 그는 자신이 감시 대상에서 제외되어 있다고 생각했고, 그래서 결코 들키지 않을 것이라고 믿었다. 하지만 음란물을 보기 위해 회사 장비를 사용한 것이 발각되었다. 그는 회사 윤리 위원회의 조사를 받았고, 상담이 필요하다는 권고를 들었다. 다행히 그 사람은 매우 운이 좋은 편이었다. 회사 내의 위치 때문에 자신의 지위를 유지할 수 있었기 때문이다.

그러나 그가 치러야 했던 대가들은 무엇이었을까? 그는 명성을 잃었다. 고용주와 배우자로부터 받았던 흔들림 없는 신뢰를 잃었다. 결혼 생활을 대가로 치렀다. 그 결과는 가혹했다. 결국 누구나 들키기 마련이다.

성경은 죄는 반드시 처벌받게 된다고 말한다. 뱀은 반드시 바위 밑에서 튀어나오게 되어 있다. 진실은 언젠가 밝혀진다. 어떤 사람들은 오히려 들키기를 바란다. 아마 위에서 언급한 그 간부는 내심 자신의 은밀한 비밀이 들키기를 바랐고, 누군가가 책임지고 필요한 도움을 제공해주길 원했을 것이다.

그러므로 들키느냐 들키지 않느냐는 중독자들이 머릿속에서 벌이는 게임이다. 한편으로는 솔직히 자신의 비밀을 털어놓기를 원하고, 마음의 다른 한 켠에서는 그 비밀이 그대로 지켜지기를 원한다. 다른 사람들이 자신이 해온 짓을 알게 될까봐 두렵기 때문이다. 한번은 한 목회자가 사무실을 찾아왔다. 그는 자신의 비밀이 사람들에게 알려질까봐 매우 염려했다. 일단 상담 내용에 대해 비밀이 보장된다는 것을 확신하자, 자신이 오랫동안 음란물에 중독되어왔음을 털어놓았다. 그가 들키기를 원했을까? 아니다. 평생 걸어온 자신의 인생이 걸려 있었기 때문이다. 그러나 자신이 도움을 받을 수 있는 방법이 있는지 알기를 원했고, 그에 대해 깊은 관심을 갖고 "이 중독을 극복하도록 당신을 지원하고 돕겠다"는 말을 해줄 사람이 있는지 확인하고 싶어 했다.

들키지 않았을 경우 결과는 분명하다. 점점 더 깊은 중독의 늪으로 빠져들어가는 것이다. 몇 달이 몇 년이 되고, 몇 년이 몇 십 년이 된다. 몇 십 년은 생활 방식이 된다. 지금까지 들키지 않아서 얻은 유익이 있다면 어떤 것이 있는가? 이 긴 세월 동안 자신을 속여온 것? 중독에 더 깊이 빠져든 것? 흥분하기 위해 더 많은 자극이 필요해진 것? 실제 사람들과의 관계에 점점 흥미를 잃고 어색해진 점? 배우자나 가족과 헤어지고 하나님과도 소원해진 점? 기억하라. 음란물에 중독된 삶은 거짓에 토대를 둔 삶이다. 들키지 않은 상태는 파멸의 거미줄에 얽매인 삶, 노예적 삶 혹은 죄에 사로잡힌 상태나 마찬가지다. 자신에게 정직하라.

생각해보기

1. 내적으로 들끓고 있는 욕망은 무엇인가? 진정으로 도움받기를 원하는가?
2. 들키지 않기 위해 어떤 게임을 벌이고 있는가?
3. 누구를 속이고 있는가? 자기 자신? 아니면 다른 사람들?

20. 성경 읽기 _ 로마서 1:21-27

음란물로 인한 변화

음란물 중독이라는 죄가 다른 죄들과 어떻게 다른가? 음란물은 개인의 도덕적 나침반의 방향을 바꾸어버리는 힘이 있다. 자신과 여성들과 성, 사회, 도덕성, 가치, 영적 믿음을 타협적인 입장에서 바라보도록 만든다. 자신이 믿었던 기준 자체를 바꾸어놓는다. 한때 도덕적이고 옳은 일이라 여겼던 것들에 대해 이제는 타협한다. 중독이 당신을 바꾸어놓은 것이다. 그러므로 이제는 얼룩진 렌즈를 통해 사물을 바라본다. 도덕적 나침반은 이제 완전히 재조정되어 음란물을 즐기는 습관에 대한 합리화에 익숙해졌고, 당신의 필요를 충족시키는 방향으로 왜곡되었다. 하지만 그건 당신을 속이고 있는 것이다.

당신이 해야 할 일은 다시 이전으로 되돌아가는 것이다. 어디서 나침반이 잘못되었는가? 어느 지점에서 생각이 달라져 "괜찮아. 별로 대단한 일도 아니잖아. 난 괜찮아. 아무도 몰라"라고 말하게 되었는가?

누구를 기만하고 있는가? 진실은 무엇인가? 당신의 기준은 어디 있는가? 삶의 기준들을 재조정해서 하나님의 기준에 다시 맞추라. 내면 깊은 곳으로부터 자신이 진정으로 중요하다고 믿는 것에 맞추라. 타협을 멈추고 스스로를 변명하는 일을 중단하라.

인생에서 음란물이 우선순위를 차지하게 되면 생리적으로도 변화가 일어난다. 예를 들어, 일반적인 부부들은 자녀들이나 바쁜 일정, 생리 주기 등을 감안하더라도 보통 일주일에 두세 번은 관계를 가질 것이다. 음란물에 중독된 사람들은 매일 자위를 하는 경우가 많다. 한 가지 사례를 소개한다면 한 남성 환자는 매일 무려 여섯 내지 일곱 차례나 자위를 하곤 했다. 이로 인해 그는 몸에 이상이 생겼다.

우리는 생활 속에서 어떤 것에 자극받고 있는지 살펴볼 필요가 있다. 로맨스, 사랑, 배려로 이루어지는 순수한 파트너와의 관계에서 삶의 자극과 에너지를 얻고 있는가? 아니면 단순한 사정의 쾌감이나 절정에서 느끼는 성적 만족감에서만 자극을 얻고 있는가? 즉, 다시 말해서 어느 부분에서 왜곡이 일어나고 있는가? 하루에 한두 번 이상 관계를 갖는 것은 정상적이지 않다. 배우자 없이 성 행위를 하는 것 역시 하나님의 창조 계획 안에서는 정상적인 것이 아니다. 그건 전적으로 자기 욕망 충족이고, 자기 만족이며, 육체적인 관계와 쾌락에 대해 하나님이 본래 의도하신 것을 오인하고 왜곡한 것이다.

생각해보기

1. 음란물로 인해 당신의 도덕적 나침반이 어떻게 변질되었는가? 진실을 어떻게 변질시켰는가?
2. 당신의 실제적인 기준은 어떤 것들인가? 어떤 것들을 타협했으며, 바꾸고 싶은 것이 있다면 무엇인가?
3. 배우자에게 충실하고 있는가? 아니면 이기적인 방법으로 자신의 쾌락만 만족시키고 있지 않는가?

21. 성경 읽기 _ 고린도전서 6:15-20

점점 더 높은 수위를 요구하는 중독

　모든 중독은 원하는 욕망을 충족하기 위해 점점 더 많은 자극을 요구한다. 흡연자들이 처음부터 하루에 두 갑 이상을 피워댄 건 아니다. 시간이 흐르면서 점진적으로 그 정도까지 흡연량이 늘어난 것이다. 도박꾼들 역시 처음에는 단 한 번의 내기로 시작했다. 권력에 대한 중독도 처음 공직에 올랐던 순간부터 일어나기 시작했다. 돈에 대한 사랑과 애착은 이웃과 나누지 않음으로써 시작되었다. 음란물에 대한 중독 역시 마찬가지다. 음란물을 처음 보았을 때는 수위가 그렇게 심하지 않아도 성적으로 흥분됐지만, 지금 그런 음란물을 보면 지겹고 시시하게 생각될 가능성이 매우 높다. 원하는 수준의 흥분을 얻기 위해서 더 노골적이고 자극적이며 음란한 영상들을 구하려 할 것이다. 그래야 성적으로 흥분되어 절정에 도달할 수 있다.
　중독은 점진적이다. 잠시 중단할 수 있다 하더라도 자신이 중단했던 바로 그 지점으로 곧 되돌아간다. 예를 들어, 하루 한 갑의 담배를 피우는 흡연자는 잠시 담배를 끊는다 해도 다시 담배를 입에 대기 시작하면 하루에 한 갑을 피우던 이전의 습관이 곧 되살아난다. 나아가 하루에 두 갑까지 피울 가능성이 높다. 어떤 습관이건, 다시 시작되면 처음 수준으로 되돌아가서 첫 단계를 다시 되밟지 않는다. 중독은 그 욕구를 지배해 파멸의 순간까지 수위를 높여간다. 어떤 중독이든, 이것이 예상되는 논리적 결과이다.

중독은 점점 더 노골적이고 자극적인 것을 요구한다. 처음에 자극적이었던 것도 점점 무덤덤하게 느껴진다. 이제 더 자극적인 것이 필요하게 되고, 훨씬 더 노골적인 것이나 어린이 섹스, 짐승과의 교접 동영상, 혹은 사디즘이나 매조키즘 동영상까지 탐닉하는 지경에 이를 수 있다. 끝없이 욕망을 탐닉하는 이들은 더 심각한 고립을 자초하게 될 것이다.

중독에 빠지면 자신뿐 아니라 주변 사람들까지 영향을 입는다. 그들에게서 소중한 것을 빼앗아가기 때문이다. 남들의 눈을 피해 음란 동영상을 탐닉하느라 본인 역시 잠자는 시간을 빼앗기는 건 물론이고, 가족들과 함께할 시간이 줄어든다. 아내와 성적 친밀감이 사라지고 부부간의 정직하고 진실한 대화가 실종될 수도 있다.

이런 중독이 당신의 관계에 미치는 영향에 대해 목록을 작성해보라. 아내와 솔직하고 정직한 대화와 관계를 나누고 있는가? 숨기고 솔직하게 고백하지 못하는 일은 또 없는가? 음란물 중독의 영향이 본인에게만 한정된다고 생각하면 스스로를 기만하는 것이다. 그 영향은 본인으로 끝나지 않는다. 주변의 모든 사람들이 영향을 받는다. 음란물을 가까이하면 할수록 아내나 가족과는 거리감이 생길 수밖에 없다.

중독은 점점 더 많은 것을 요구하기 때문에 가족이나 주위 사람들은 당신과 누릴 유·무형의 것들을 점점 박탈당한다. 관계의 본질 자체가 침해당하기 때문이다. 중독은 삼킬 자를 두루 찾아다니는 사자와 같다.

생각해보기

1. 당신의 중독은 어느 단계인가?
2. 음란물에 얼마나 심취해 있는가?
3. 하루에 몇 시간씩 음란물을 보고 일주일에 며칠간 음란물을 보는가? 음란물의 수위는 어느 정도인가?
4. 음란물에 심취함으로써 어떤 결과를 맞고 있는가?

22. 성경 읽기 _ 에베소서 4:15-19

불안감

'불안감'이란 멈추고 싶은 일이 있거나, 위해를 가할 것이라 염려되는 대상이 있음을 알 때 생기는 감정이다. 깊은 고통을 야기하는 경우도 있다. 이러한 불안감은 여러 가지 형태로 드러난다. 어떤 사람들은 불안하면 신체적인 증상이 함께 동반된다. 치료를 받아야 할 정도로 불안감이 심각하면 약물 처방을 받거나 전문의를 통해 불안에 대처하는 법을 배워야 한다.

불안감은 가슴이 조이는 듯 답답하거나, 손에 땀이 나고 두통이 생기며, 소화불량이나 배변 장애, 성적 불능, 근육통 등의 증상으로 나타날 수 있다. 아주 다양한 형태로 나타나며 많은 사람들에게 매우 실제적이고 고통스러운 문제다. 어떤 이들은 이런 불안감을 해결하기 위해 술이나 마약 혹은 음란물과 같은 중독성 물질에 의존한다. 하지만 불행하게도 이런 방법은 불안의 악순환을 더 악화시킬 뿐이다. 불안감을 느끼면 중독 물질을 의지하게 되고, 그것은 오히려 불안감을 더욱 부추긴다.

반대로 음란물 중독이 불안을 야기할 수도 있다. 그 일차적인 이유는 음란물을 보는 사람이 죄책감을 느끼기 때문이다. 누군가에게 들키지 않을까 하는 두려움이나, 평판이 나빠질지도 모른다는 두려움 때문에 불안해진다. 음란물 중독은 삶의 즐거움을 빼앗아간다. 생산적이고 창조적인 삶을 살지 못하게 방해할 수 있다. 가치관의 혼란에 휩싸일 수 있고 우리가 살아가는 목적 자체가 훼손될 수 있다. 불안감에 휩싸이면 인생의 수

많은 영역들을 풍성하게 누릴 수 없을 뿐 아니라 내적 평강과 기쁨을 누리지 못한다.

긍정적인 면에서 불안은 '이 일을 그만두라. 다른 일을 찾아보라'는 경고의 시작이기 때문에 실제로 유익한 측면도 있다.

음란물에서 벗어나라. 그러면 불안감이 사라질 것이다. 인생의 질도 극적으로 향상될 것이다.

생각해보기

1. 불안감에 시달리고 있지는 않는가?
2. 불안은 무엇 때문이 생기며 동반될 수 있는 증상은 무엇인가?
3. 불안감을 해소하기 위해 얼마나 필사적인가? 음란물 중독을 끊어야겠다고 각오할 정도로 심각한가?

23. 성경 읽기 _ 신명기 28:65-67

자아, 여성, 성에 대한 왜곡

음란물의 가장 파괴적인 폐해 가운데 하나는 여성을 철저히 성욕의 도구로 비하하는 것이다. 여성은 매우 수동적인 존재로서 남성의 성적 대상으로만 그려진다. 때로 남성을 지배하는 역할로 그려지기도 하지만, 그것은 긍정적인 여성의 만족감과는 거리가 멀다. 상호 존중하거나 따뜻하고 배려하는 모습이 아니다. 오직 욕망과 욕정의 대상으로 취급된다. 따라서 음란물을 보는 남성 역시 동일한 위치로 전락한다. 음란물을 이용한다는 것 자체는 더 이상 여성을 인격적으로, 사랑의 대상으로 바라보지 않는다는 뜻이기 때문이다. 단순히 영화감독의 지시대로 조정당하는 꼭두각시나 마찬가지다.

또 음란물은 하나님이 원하시는 대로 한 남편과 아내 사이에 나누어야 할 거룩하고 순결한 성행위 자체를 왜곡하고 비하한다. 성행위는 인격적이며 매우 사적인 것이어야 한다. 그러므로 음란물이 '조명, 카메라, 액션'이라는 감독의 지시로 연출된 행위라는 사실만으로 친밀하며 사적인 행위인 성관계가 왜곡되는 것이다. 이렇게 음란물은 감독의 지시대로 연출된 장면이기 때문에, 때로는 너무 야릇하고 지저분한 행위까지 연기하게 된다. 현실 세계에서 자신의 얼굴에 사정해주기를 원하는 여성은 거의 없을 것이다. 혹은 인터넷이나 음란 영화를 보는 사람들의 성적 욕망을 고강도로 만족시켜주기 위한 음란한 욕설과 지시에 기계처럼 따르거나, 인형처럼 시키는 대로 움직이는 여성의 모습도 자연스러운 것은 아니다. 이런 모습은 성에 대한 하나님의 본래 목적과는 전혀 다르며, 모든 면에서 성의 인격적 관계를 철저하게 파괴한다. 음란물을 보는 행위에 교육적 측면은 전혀 없다. 교육적 효과가 있다는 말은 새빨간 거짓말이다. 성교육에 필요한 정보를 원한다면 적절한 자료들이 있다. 그런 자료를 구하지 못한 사람은 의사나 목회자에게 도움을 구할 수도 있다.

음란물에 의존하면 음란물 속의 영상이나 환상에 자신을 굴복시키는 셈이기 때문에 스스로를 비하하고 왜곡하는 결과를 낳는다. 그러므로 자신이 무가치하다는 생각에 시달리고 온전한 존재가 아닌 것 같은 혼란에 빠진다. 또한 역겨운 상상을 하게 된다. 그런 상상 역시 스스로를 더럽힌다. 주님이 원하지 않으시는 성결하지 못하고 불건전한 생각을 하게 된다. 이런 생각에 빠지면 올바른 사고가 마비될 수 있다. 직장이나 학교에서 주변 여학생이나 여성 동료를 볼 때 쉽게 부적절한 상상을 하기 때문에 일에 집중력을 발휘하기 어렵다. 잠시 시간을 내서 잠깐 동안 인생을 즐기기 위해 시작한 일이었지만, 이제 대부분의 생각과 관심이 음란물에 쏠려 있다. 이제 전면적으로 타락의 길에 들어선 셈이다. 생활의 균형이 깨져버렸다.

생각해보기

1. 음란물이 여성을 비하하고 왜곡시킨다는 것을 진심으로 인정하는가?
2. 단순한 성적 대상이 아니라 온전한 인격체로서 여성을 존중하고 대하는 태도가 음란물로 인해 어떻게 왜곡되었는가?

3. 음란물에 심취함으로써 성에 과도한 관심이나 집착을 갖게 되지는 않았는가? 외설적이고 변태적인 성 취향을 갖는 수준으로 발전되지 않았는가? 성적 환상을 실현하는 상태로 진전되지는 않았는가? 배우자에게 원치 않는 행위를 요구하거나, 지속적으로 강요하지는 않는가?

24. 성경 읽기 _ 골로새서 3:5-10

무기력한 남성

남성다움이 박탈당했다고 생각할 때 남성은 무기력해진다. 남성성이 박탈되는 현상은 사회의 여러 방면에서 진행되고 있다. 가령 어린 소년에게 제자리에 앉아 조용히 얌전하게 있으라고 지시하거나, 되받아치지 말고 울지 말라고 하는 것은 남성다움을 키워주는 교육 방식이 아니다. 아마 그 소년은 일정한 행동 방식을 강요받을 것이다. 소년에게 지시를 내리는 인물은 그 아이를 하찮게 여기고 여자처럼 굴지 말라고 타박을 줄지 모른다. 그 과정에서 아이는 은연중에 자신이 '남자 중의 남자'가 될 수 없다는 암시를 받게 된다.

지금 우리 사회에는 어린 소년들이 따르거나 본받을 만한 건강한 역할 모델이나 영웅들이 거의 없는 것 같다. 불행한 건 남성 공직자들이나 유명 인사들이 도덕성과 가치에서 타협적이고, 스스로의 행동과 신념이 불일치하는 경우가 아주 많다는 점이다.

미디어에서도 무기력한 남성상을 부추기고 있다. 남자들은 식기 세척기 작동법도 모르고, 컴퓨터도 사용할 줄 모르며, 가족을 위해 장을 보거나 일상에 필요한 간단한 일도 할 줄 모르는 존재로 그려진다. "남자들은 무능하고 멍청해, 쓸데가 없어. 짐만 되는 존재야"라는 메시지를 끊임없이 생산하고 주입시킨다.

남자들은 스스로를 남성답지 못하고 무력한 존재라고 생각하기 시작한다. 그 메시지를 내면화하는 결과가 초래된다. 이런 감정과 생각을 떨쳐버리는 수단으로써 수많은 남성들이 음란물에 의존한다. 자신의 남성다움을 확인하고 자신감을 회복할 수 있다고 생각하기 때문이다. 하지만 불행히도 이런 자신감은 근거가 전혀 없는 거짓이다. 잠시 음란물에 심취해 있는 동안에는 스스로가 근사하고 강하며, 여성들이 원하는 존재이고 매력적이며, 모든 것을 다 가진 채 지배력을 행사하고 있다는 기분을 만끽할지 모른다. 하지만 자신이 부적절하다는 느낌이 곧 다시 찾아오고, 불안감에 시달리며, 볼품없는 남자라는 생각이 다시 들기 때문에 남성답지 못하다는 무력감은 음란물로 인해 오히려 악화된다. 화면으로 보는 것은 환상이라는 것을 잊지 말라.

그렇다면 진짜 사나이가 된다는 게 어떤 것인가? 그보다 더 중요한 것으로 하나님의 사람이 된다는 것은 어떤 의미인가? 역사 속에서 몇 가지 훌륭한 사례들을 찾아보는 것이 필요하다. 경건한 삶을 살면서 원칙과 믿음을 고수하고, 조국과 자녀들을 사랑했던 남성들의 삶이 어떠했는지 살펴볼 필요가 있다. 영원한 가치를 지닌 것들은 무엇인지, 하나님이 바라시는 가치 있는 것들은 무엇인지 알아볼 필요가 있다. 강하고 용감하며, 예의바르고 원칙을 고수하며, 한결같은 성실함과 진실성을 지닌 참된 하나님의 사람으로 스스로를 훈련시키는 데 힘이 될 것들을 찾아볼 필요가 있다. 명예로우면서 우리 자녀들에게 물려주고 싶은 것들을 알아볼 필요가 있다. 자녀를 둔 아버지라면 아들들이 어떤 모습으로 양육되기를 원하는지 스스로에게 물어보라. 자녀들에게 닮고 싶은 역할 모델이 되어주고, 닮고 싶은 영웅이 되어주고 있는가? 그들에게 어떤 유산을 남겨주고 있는가?

생각해보기

1. 무기력한 남성이라고 생가되는가? 그렇다면 어떤 면에서 그런가?
2. 어떻게 하면 건강한 남성성을 가질 수 있는가?
3. 남자답지 못하다는 무력감을 갖게 만든 사람은 누구인가? 대중 매체에서 묘사하는 남성상에 자신의 모습을 투영하지는 않는가?

25. 성경 읽기 _ 잠언 11:21-22, 시편 112:1-6

남자로서 부적절하다는 자괴감

이것은 음란물로 인한 기만 가운데 가장 효과가 강력한 거짓말 중 하나일 것이다. 음란물을 보면 남자로서 자신이 초라하게만 보인다. 하지만 한번 생각해보자. 음란물 제작 업자는 수백 명, 어쩌면 수천 명의 남자들을 면접하고 골라낸다. 그 가운데 성적 매력이 뛰어나고 잘생긴 사람, 근육질의 가슴과 잘 발달된 체격의 소유자, 크고 긴 그것을 가진 남성들을 배우로 쓸 것이다. 음란물에 등장하는 이들은 여자든, 남자든, 단지 과장된 성행위를 연기하는 배우들일 뿐이다.

전문가들이 동원되어 영상을 편집하고 그래픽으로 처리하여 자극을 극대화해 화면을 구성한다. 기법은 수없이 많다. 무엇 때문에 그 모든 수고를 하는가? 상품을 팔아먹기 위해서다. 그러나 당신이 결국 구매하는 것은(처음에는 무의식적으로), 그들과 비교되는 초라한 자신의 모습뿐이다. 음란물 제작은 돈을 벌기 위한 사업이다. 그들은 성적 자극이라는 상품을 판매한다. 그러나 소비자가 산 제품은 가짜다.

호흡을 가다듬고 냉철하게 생각해보라. 여성들이 실제로 음란물에 등장하는 여자들처럼 반응하는가? 실제로 음란물에서 묘사되는 행위를 여성들이 원하는가? 그런 식의 관계를 진정으로 원하는가? 아마 그렇지 않을 것이다. 대부분의 남성들이 그러한 성적 매력을 소유하고 있는가? 아마 그렇지 않을 것이다. 그러므로 음란물을 보고 나서 "나도 저랬으면 좋겠다. 저 모델처럼 되면 좋겠다. 저런 모습의 나를 상상하기만 해도 좋다"라고 생각하지만, 현실 속의 모습은 그렇게 매력적이지 못하다. 자신이 초라하게만 느껴진다. 성적 매력뿐 아니라 남자로서 아무 볼품이 없다는 생각이 든다. 자신의 남성성에 대한 자신감이 사라진다. 어쩌면 다른 일들이나 관계에 대한 부분까지 무능력하다는 생각이 들지도 모른다. 음란물 속의 남자 배우처럼 근사한 남자가 되어 상대 여성을 매료시키고, 비디오에서 본 것처럼 흥분하게 만들었으면 좋겠다고 바란다. 그러나 그런 영상들은 인위적으로 꾸민 거짓에 불과하다. 그러므로 자신감을 얻기 위해 이런 음란물을 사용하는 행위를 중단해야 한다. 어떤 것이 사실이고 어떤 것이 거짓인지 분별하라.

하나님은 당신을 완전한 존재로 지으셨다. 부적절한 존재가 아니다. 그리스도 안에서 우리는 완전하다. 단순히 과장된 성을 연기하는 화면상의 영상과 다른, 온전한 인격체로서 우리는 적절한 존재다.

생각해보기

1. 음란물은 거짓이고 인위적으로 연출된 것이라는 말에 동의하는가?
2. 내가 그런 거짓에 현혹되는 이유는 무엇이며, 어떤 면에서 그런 음란물에 매료되는가?
3. 그리스도 안에서 스스로 온전하다고 생각하는가? 어떻게 하면 자신이 온전하다는 자신감을 회복할 수 있는가?

26. 성경 읽기 _ 창세기 1:26-27

중요한 건 나 자신이다

1990년대 후반에 "중요한 건 나 자신이야(It's-all-about-me)"라는 말이 유행했다. 이 말은 우리가 얼마나 이기적이고 자기중심적이 되었는지를 보여준다. 사람들은 "내가 말하고 싶으니 꼭 들어야 해", "이건 당연한 내 권리야", "나에겐 내 주장이 옳다고 말할 권리가 있어", "내 인생이니 내가 원하는 대로 하겠어", "좋아하는 걸 사고, 보고 싶은 걸 보며, 하고 싶은 대로 할 권리가 있어." 이러한 말로 일방적인 자신의 감정을 표현하는 데 아무 거리낌이 없다.

이런 행동과 사고방식은 성경적 교훈과는 정반대되는 것이다. 성경은 '중요한 건 이웃'이라고 말한다. 성경에는 다른 사람을 섬기고 베풀며, 사랑하고 돌보며, 자신을 희생하는 이야기들로 가득하다. 음란물이 우리 자신이나 다른 사람들에게 미치는 영향은, 우리로 자기 자신만 생각하게 만든다는 것이다. 내 만족감을 충족시키는 게 중요하고 내 필요와 내 기쁨이 중요하다. '나, 나, 나' 밖에 없다.

자기중심성은 고립, 교만, 거짓 자존심, 거짓된 자기 신뢰의 원인이 된다. 그러나 또한 자기중심적인 사람은 고독하다. 자신밖에 생각하지 않는 사람은 온전하게 누리고 베풀며 받을 수 있는 기회를 저버리고 있는 것이다.

자기중심적인 사람들은 미성숙한 사람이다. 이것은 나이를 가리지 않는다. 오직 자기 자신밖에 모르는 정신적, 정서적, 심리적 미성숙의 문제이기 때문이다. 십대들은 때로 거의 모든 질문이나 요구에 거절로 일관하는 단계를 경험한다(두 살짜리 아이들도 이와 유사한 단계를 겪는다). '노'라고 거절하면서 그들은 부모들이나 다른 권위적 인물들과 자신이 동등하다는 의식을 갖게 되고, 그들과 뒤지지 않는 힘이 있는 것 같은 느낌을 갖게 된다.

두 살짜리에게 자기의식과 자기중심성은 적절하면서 건강한 반응이다. 그리고 십대들도 결국 자기중심적인 것이 옳지 않음을 깨닫고 그런 행동에서 벗어나야 함을 배우게 된다. 그러나 음란물 중독은 자기중심성을 영속화시킨다. 음란물 사용자는 일방적으로 선택하고 고를 수 있기 때문에 지배욕이 충족되지만, 그 대가로 아무것도 줄 필요가 없다. 그러나 그런 상태는 정서적 침체를 겪을 위험성이 높아진다. 그러면 장기적이고 참된 사랑의 관계를 누릴 수 있는 성숙한 사람으로 발전할 기회가 차단된다.

생각해보기

1. 나는 자기중심적인가?
2. 어떤 면에서 음란물이 '중요한 건 나'라는 신드롬을 부추기는가?
3. 생각을 돌이켜 다른 사람들을 위해 희생하고 섬기며 베푸는 사람이 된다면, 내게 어떤 변화가 일어날 것 같은가?

27. 성경 읽기 _ 갈라디아서 5:19-21

치러야 할 비용

　음란물 중독에 빠진 사람들을 볼 때 가장 슬픈 일은 그들이 치르는 막대한 비용이다. 그들이 마음의 평화를 유지할 수 있겠는가? 배우자와 함께 누렸던 자연스럽고도 자발적 관계가 가능하겠는가? 아무 거리낌 없던 양심의 자유와 기쁨이 유지되겠는가? 배우자와 친밀하고 낭만적인 감정을 나눌 수 있겠는가? 음란물에 중독되면 이런 것들을 누릴 수 없다. 대가를 치러야 하기 때문이다. 추하고 노골적이며 불쾌한 행위에서 성적 쾌감을 얻은 대가를 치러야 하는 것이다. 음란물 중독은 본인 스스로의 선택이자 결정이었다.

　대부분의 경우 우리는 음란물을 보느라 지불한 금전으로 중독의 대가를 계산한다. 혹은 그 사람이 중독에 빠져 실직해 고정적 수입이 사라지거나, 중독에 빠져 범죄를 저지르고 처벌받은 경우만 생각한다. 이런 부분들에 대해서는 이 책의 다른 부분에서 다룬 적이 있다. 지금 여기서 지적하고 싶은 것은, 하나님의 특별한 피조물로서 자신의 위치와 자아상에 대해 치른 대가다. 거울 속에 비친 자신의 모습을 정직하게 바라보며 "나 자신이 자랑스럽고 내가 나누는 관계들이 자랑스럽다. 중독에 빠진 내 모습에 만족한다. 생활의 모든 영역이 균형 잡혀 있고 하나님을 영화롭게 하고 있다"라고 자신 있게 말할 수 있는가? 아마 그렇지 않을 것이다.

　이제 세상을 다른 눈으로 보게 되었다. 시커먼 색안경을 끼고 다른 시각으로 세상을 바라봄으로써 모든 게 온통 암울하고 어둡게 보인다.

자신의 인생과 관계들 그리고 자신의 영혼에 대해 치르는 총체적인 비용을 생각해보라. 사단이 훔쳐간 것을 되찾으라. 중독으로 인해 내어 준 것들을 다시 회복하라. 무너지고 깨진 것들을 새로 고치고 수리해서 더 강하고 튼튼하게 만들라.

생각해보기

1. 스스로를 정직하게 되돌아볼 때 이전에 누리던 평안과 순전함, 기쁨이 아직도 있는가?
2. 중독으로 인해 배우자와의 관계에서 어떤 대가를 치렀는가?
3. 마음과 영혼이 입은 피해는 무엇인가?

28. 성경 읽기 _ 이사야 65:6-7

음란물이 아이들에게
미치는 영향

　음란물이 아이들에게 미치는 영향은 끔찍하다. 아이들의 순진함을 앗아간다. 옳고 선한 것을 배울 수 있는 능력을 빼앗는다. 도처에 음란물이 있다는 사실은 아무리 지적해도 지나치지 않다. 음란물을 접하는 통로가 인터넷만 있는 게 아니다. 아이들은 학교에서도 얼마든지 음란물과 접촉할 수 있다. 복도에서 주고받는 농담이나 라커룸에 깊이 쑤셔놓은 잡지, 휴대폰의 문자 메시지도 음란물에 대한 상상을 부추긴다. 그것은 또한 때로 장기적으로 해악을 미치게 될 학대이고, 괴롭힘이며, 낙인이다. 음란물은 아이들의 성적 가치관을 왜곡시키고 건강한 자존감을 무너뜨린다. 건강한 관계가 무엇인지 인식하는 능력에 타격을 가하고, 심지어 그런 관계를 가질 능력도 무너뜨린다.

　음란물은 도덕적 기준을 왜곡시킨다. 자녀가 친하게 지내는 친구들을 잘 관찰해보면, 그들 가운데 일부는 '성관계 친구들'이라 불리는 새로운 형태의 관계를 직접 행동으로 옮기는 아이들이 분명히 있다. 쉽게 말해, 십대 소년과 소녀의 관계가 전통적인 의미에서의 남자 친구나 여자 친구가 아닌 것이다. 편하게 성관계를 나누는 친구 사이라는 뜻이다. 서로 간의 약속도 없고, 헌신이나 책임도 없다.

　얼마나 끔찍한 거짓인가! 우리 사회에서 이런 일이 일어나다니, 우리가 얼마나 타협적인 가치관을 갖고 우리 아이들의 삶을 이끌었단 말인가? 우리는 행동과 태도를 통해 성은 자유로운 것이며, 자기만족과 쾌락을 위한 도구이지 실제적인 헌신과 책임이 요구되는 행위는 아니라고 가르쳐왔던 것이다. 아이들은 정서적으로, 정신적으로 전혀 준비가 갖추어지지 않은 채 성을 경험하고, 성행위의 진정한 의미를 배울 새도 없이 성을 탐닉하고 있다.

심지어 성병이 도처에 만연하고 이런 행위들로 아이들이 극심한 정서적 트라우마에 시달리고 있지만, 우리는 성적 행위가 더 이상 두 사람의 신성한 결합을 위한 것이 아니라고 가르쳐왔다. 심지어 사적인 행위라는 인식도 더 이상 없다. 처녀성을 지키고 결혼할 때까지 순결을 지킨다는 개념은 거의 한물간 구시대적 생각으로 치부되고 있다. 진정으로 사랑하는 사람을 만나 결혼 서약을 할 때까지 성관계를 절제하고 기다려야 한다는 것을 아이들이 배우고 실천할 수 있도록 이제라도 이러한 사고방식을 버려야 한다. 기다림은 배우자에게 줄 수 있는 아주 소중한 선물이다.

이런 사고방식이 자녀들에게 미치는 영향 가운데 하나는 무감각해지는 것이다. 성은 단지 쇼핑을 하러 가거나, 비디오 게임을 하는 것과 같은 일상적인 행위라고 생각하게 된다. 매일 수많은 또래 아이들이 왕성한 성관계를 나누는 것을 보고 자란다. 서로 누가 더 많은 전리품을 얻었는지 떠벌리는 친구들 속에 싸여 있다. 많은 경우 두 사람 사이의 개인적인 관계가 없어도 얼마든지 성관계가 가능하다고 인식된다. 한때 여성들은 성관계를 하는 상대방과의 정서적 유대감이 중요하지만, 남자들은 그런 식의 감정을 경험하지 않는다는 생각이 지배적이었다. 하지만 이제 게임 참여자들은 동등해졌다. "성관계를 해도 아무 상관이 없어. 아무 의미도 없는 행위야. 책임질 일은 없어. 아무 걱정할 필요가 없어. 우리 두 사람이 원해서 즐거운 순간을 가지고 싶었을 뿐이거든." 얼마나 슬프고 무지한 생각인가.

그것이 우리 사회에 미치는 영향은 매우 장기적이고 심각할 것이다. 우리는 우리 자녀들뿐 아니라 성인들에게까지 끊임없이 무차별적으로 가해지는 음란물의 공격으로부터 벗어나야 한다. 그리고 그 흐름을 뒤바꾸어야 한다. 음란물이 속삭이는 거짓말은 개인적인 가치들을 변질시키고, 건강한 성에 대한 사람들의 인식을 바꾸어놓았다. 이제 기준을 바꾸자. 아이들에게 성은 사랑과 헌신에 기초한 경험이며 성인이 되어야 허용될 수 있는 것이라고 가르치자.

생각해보기

1. 성에 대한 부모의 인식이 자녀들에게 어떤 영향을 미친다고 생각하는가?
2. 성에 대한 부모의 태도가 자녀들에게 미친 영향이 있다면 어떤 것들이 있는가? 미묘하지만 분명하게 미친 영향이 있다면 이야기해보라.
3. 음란물 사용자가 만연하고 어디서나 쉽게 음란물을 접할 수 있는 세상에서 우리 자녀들은 어떤 위기에 노출되어 있는가?

29. 성경 읽기 _ 마태복음 18:6, 잠언 22:6

그녀도 같이 본단 말입니다

상담을 하다보면 늘 이런 변명을 듣게 된다. 교육적인 용도로 음란물을 사용한다는 주장이다. 또 그녀가 같은 것을 보고 성적으로 흥분하게 되면, 남편이나 남자 친구는 그녀가 무엇을 좋아하고 즐기는지 알게 될 것이라고 억지를 부리기도 한다.

솔직해지도록 하자. 그녀는 그런 일을 좋아하지 않는다! 모욕감을 느낀다. 억지로 그것을 보도록 강요당한다는 생각을 갖는다. 역겹다는 생각에 빠지고, 당신이 자신과 함께 있는 것을 진정으로 원하지 않는다고 생각한다. 자신과 있고 싶은 게 아니라 사실은 음란 비디오에 등장하는 영상이나 이미지들과 있기를 원한다고 느낀다.

그러므로 그녀와 함께 음란물을 보면 나를 더 잘 이해하게 되고 더 깊이 사랑하는 연인이 될 거라거나, 몰랐던 기법들을 배우게 될 거라고 착각해서는 안 된다. 그건 모두 거짓말이다. 그녀와 함께 음란물을 보지 말라. 아니 아예 음란물을 보지 말라. 중독에 그대로 계속 빠져 있기 위한 핑계로 사용하지 말라. 그녀에게 유해하고 파괴적인 영향을 미칠 것이고 결국 서로 가까워지기보다 더욱 멀어질 것이다. 두 사람이 순수한 사랑을 나누는 데 오히려 방해가 될 것이다. 외부적인 자극을 빌려 성적 흥분을 느끼고 그녀에게도 동일한 것을 강요하는 한, 결국 두 사람의 관계는 파탄에 이를 것이다.

성관계가 당신이 원하는 것만큼 만족스럽지 못하다면 대화할 시간을 가지거나 솔직하게 자신의 감정을 표현해보라. 음란물이 아니면서 교육적이고 유익한 도움을 줄 만한 책들을 읽는 것도 좋다. 기독교 서점에 가면 구할 수 있다. 또한 이 문제를 다루어줄 전문 강사나 치료사, 담당 의사 혹은 목회자들도 있다. 그들의 조언을 빌려 성관계에 대한 도움을 받을 수 있다. 그러면 아내와 더욱 가까워질 수 있다. 이런 도움들은 교육적이며 여성 비하를 조장하거나 욕정을 자극하지 않는다. 관계를 통해 육체적 친밀감을 더 높이고 싶다면 솔직하게 대화를 해보라. 끝까지 '올바른' 방법을 사용하도록 노력하라. 음란물을 침대나 집 안으로 끌어들이지 말라.

간단히 말해 집에서 음란물을 추방하라!

생각해보기

1. 그녀와 함께 음란물을 보기 원하면서 스스로 내세우는 이유는 무엇인가?
2. 그렇게 해서 이루고 싶었던 나름의 목표는 무엇이었는가?
3. 그녀에게 미치는 영향이나 두 사람의 관계에 미친 결과는 무엇인가?

30. 성경 읽기 _ 고린도전서 7:3-5

왜 그녀는 그토록 상처를 입는가?

남편이 음란물에 심취해왔음을 알게 되면 아내는 엄청난 충격을 받는다. 깊은 상처를 받는다. 심각한 모욕을 당했다고 생각한다. 남편이 결혼 서약을 깨뜨렸고, 서로 신뢰를 지키기로 했던 약속을 저버렸다고 생각한다.

아내와의 관계가 치유되기 위해서는 남편인 당신이 자신의 행동에 책임을 져야 한다. 아내에게 책임을 돌리거나 스트레스나 직장 문제, 혹은 재정 문제에 대한 압박감 등에 핑계를 돌려서도 안 된다. 아무 변명거리도 사용하지 말라. 그 죄를 정면으로 직시하라. 그 일로 가족과 자신에게 지은 죄에 대해 거짓말을 하지 말라. 당신이나 당신의 아내가 그 일이 사소한 일인 양 무시하려 해도, 그녀의 고통은 깊고 실제적이라는 것을 기억하라. 음란물 중독으로 배우자에게 가한 상처를 소홀히 생각하거나 무시하지 말라.

대체로 여성들은 곧바로 자기 자신을 탓한다. 스스로에게 '내가 못나서 남편의 욕구를 충족시켜주지 못했어', '내가 못생겨서 그래', '남편이 원하는 만큼 내가 쓸모 있는 존재가 되지 못하나봐'라고 말한다.

그리고 이런 감정은 종종 분노로 변한다. '왜 남편이 내게 솔직히 말하지 않았지? 어떻게 나를 이렇게 무시하고 결혼 생활을 모욕할 수 있지? 앞으로 남편을 어떻게 신뢰할 수 있겠어?'

남편은 아내의 감정을 인정하고 보듬어주어야 한다. 어떤 부부들은 바로 이 지점에서 상처와 분노를 극복하지 못해 결국 별거와 이혼으로 치닫는 경우도 있다. 그러므로 당신은 성 중독 문제에 풍부한 경험을 지닌 기독교 전문 상담가를 통해 도움을 받아야 한다.

성 중독 문제를 해결하는 일뿐 아니라, 부부 사이의 관계를 다시 회복하는 일도 매우 중요하다. 당신이 그 일을 미루면 미룰수록 상처는 더 깊이 곪을 것이다. 부부 사이의 정직함과 신뢰, 성적 건강함을 회복하기 위해서는 솔직하면서 직접적인 대화가 꼭 선행되어야 한다. 이 과정은 시간이 걸릴 것이다. 다른 관계에도 그 중독의 문제가 영향을 미칠 수 있음을 또한 깨달아야 한다. 희망은 있다. 중독에서 벗어나고 서로에 대한 용서가 이루어지면 관계가 이전보다 훨씬 더 견고해지는 이들을 많이 보았다. 하지만 가치 있는 것은 으레 그러하듯이, 시간과 성실한 노력이 요구된다.

생각해보기

1. 아내가 당신의 음란물 중독에 대해 알고 있는가?
2. 그 문제로 아내와 정직하고 충분한 대화를 나누고 있는가?
3. 회복 과정에 필요한 도움을 받고 있는가?
4. 아내의 상처를 존중해주는가?

31. 성경 읽기 _ 히브리서 13:4, 골로새서 3:19, 베드로전서 3:7

그의 필요, 그녀의 필요

　남자와 여자는 정말 다르다. 성경을 꼼꼼하게 읽어보면 하나님이 남성성과 여성성을 동시에 지니셨다는 것을 볼 수 있는 부분들이 나타난다. 그렇다면 남자들은 하나님의 남성적 형상을 따라 지음받았고, 여자들은 하나님의 여성적 형상대로 지음받았다고 할 수 있다. 이 두 형상은 매우 다르다. 여성들은 정서적이고 육체적으로 남성들과 다른 욕구를 가지고 있다.

　남자들은 본능적으로 성욕이 강하며 시각적인 자극에 약하다. 음란물이 대부분 남자들의 문제인 이유가 이 때문이다. 음란물을 보고 흥분하는 여성들은 극소수에 불과하다. 사실, 대부분의 여성들은 음란물을 보면 역겨움을 느낀다. 남자들은 여성들도 음란물에 흥분할 거라고 생각하지만 그건 사실이 아니다. 여성이 실제적으로 흥분하고 자극받도록 하려면 여성을 존중하고 신뢰하며, 서로 속 깊은 대화를 나누어야 한다. 그리고 한 여자에게만 충성하고 정절을 지키며 배려하는 로맨스가 필요하다. 이 모든 것은 하나같이 마음에서 우러나와야 하는 것이다.

　남자들은 진정어린 마음의 관계를 원치 않는다거나, 필요 없다는 뜻으로 하는 말이 아니다. 단지 남자들은 본능적으로 성욕이 강하고 시각적인 영상에 자극을 받는 존재라는 뜻이다. 남자들은 여성의 몸매나 얼굴을 본다. 남자들은 제각기 여성의 몸매 중 특별히 매력을 느끼고 자극을 받는 부위가 있다. 어떤 남자들은 여성의 가슴이나 엉덩이 혹은 다리에 먼저 눈길이 간다. 이것이 잘못된 것은 아니다. 그러나 또한 이런 성향은 음란물을 이용하게 될 단초가 될 수 있다.

따라서 특정 이미지에 선천적으로 더 강렬한 자극을 받는 남자들은 음란물 중독에 빠질 위험성이 더 높다. 여성들의 욕구는 남자들만큼 시각적 이미지에 좌우되지 않는다는 것을 인식하고, 그들의 내적 자아를 인정해주고 관심을 가져야 한다. 그래야 배우자를 배려하고 돌보는 능력과 민감성을 개발해 그들의 정서적 필요들을 충족시켜줄 수 있다. 남자들은 시간을 투자해 여성들을 이해하고 전인적으로 사랑하는 법을 배워야 한다. 그렇게 했을 때 여성들은 서로의 관계에 더 안전감을 느끼고 보호받는다고 여긴다. 더 친밀감을 느낀다. 이런 친밀감은 비단 육체적인 측면에 한정되는 것이 아니다. 단순한 외적인 측면이 아닌, 전인적인 존재로서 있는 그대로의 내면적 자아와 서로 친밀한 관계를 누리게 된다.

모든 성공적인 관계에서 '신뢰'는 필수적이며 기본이다. 이웃이나 교회 친구와의 관계든, 직장 동료와의 관계든, 무엇보다 배우자와의 관계든 신뢰가 전제되어야 한다. 자신과 자신의 행동에 대해 정직하고 성실하며, 있는 그대로를 모두 드러내는 순수한 신뢰가 두 사람 사이에 있는지 자문해보라. 음란물에 빠져 있다는 사실을 숨기고 있다면 이미 답은 뻔하다. 그녀도 그 점을 안다. 그러면 두 사람 사이의 신뢰는 이미 무너진 것이다. 그녀는 두려워하고, 안전함을 느끼지 못하며, 배신당했다고 생각할지 모른다. 당신은 더 이상 그녀의 필요를 충족시켜주지 못하는 셈이다. 관계의 필요들을 충족시켜주지 못하는 것이다.

생각해보기

1. 배우자의 내적 필요를 인식하고 진정으로 그녀가 무엇을 원하는지 알고 있는가?
2. 당신의 필요는 무엇인가? 단순히 육체적 욕구뿐 아니라 내면 깊숙이 존재하는 욕구들에 대해 생각해본 적이 있는가?
3. 서로의 욕구가 무엇인지 배우자와 대화해본 적이 있는가? 두 사람이 자신이 느끼는 솔직한 감정에 대해 대화를 나누고, 육체적 욕구를 넘어서서 다른 욕구들에 대해서도 대화해보는 것이 좋다. 그녀는 그런 대화를 기꺼이 받아들일 것이고 두 사람은 흡족한 결과를 얻을 것이다!

32. 성경 읽기 _ 창세기 1:26-27, 고린도전서 4:2

포옹, 기본적인 물리적 욕구의 충족

인간은 누구나 육체적인 접촉이 필요하다. 서로 안아주어야 할 필요가 있다. 현대 사회에서 많은 사람들이 따뜻한 포옹을 받지 못하고 살아간다. 아마 독신자이거나 자녀들이 없거나 아니면 가까이 사는 가족이 없어서일 것이다. 이제 직장과 특정 사회적 환경에서 서로 합의하지 않는 한 포옹하지 않는 게 사회적 관례로 굳어져 있다. 오늘날 미국 사람들은 기본적으로 무포옹, 무접촉 상태에서 살아간다. 서로 환영하고 사랑한다는 표시로 일부 교회나 집단에서 포옹을 장려하기도 한다.

요점은 우리는 누구나 따뜻한 포옹이 필요하다는 것이다. 하지만 건강한 방식으로, 건강한 동기를 지닌, 건강한 사람들의 포옹이 필요하다.

때로 포옹의 따스한 손길을 받지 못한 남자들이 그 욕구를 충족시키기 위해 다른 기회를 찾기도 한다. 이런 기회들 가운데 하나가 바로 음란물에 접촉하는 것이다. 음란물은 남자들에게 당신과 접촉하고 있으며, 서로 살가운 사이가 될 생생한 행위에 참여하고 있다고 느끼게 해줌으로써 자위할 기회를 제공한다.

포옹이 반드시 성적일 필요는 없다. 단지 애정과 우정, 친밀함의 표현이거나 감사나 사랑을 드러내는 몸짓일 수 있다. 건강한 방식으로 서로 안아주는 건 좋은 일이다.

생각해보기

1. 포옹을 받고 있는가? 누구로부터, 얼마나 자주 포옹을 받는가?
2. 포옹을 할 때 성적 감정이 유발되는가? 아니면 따스한 감정을 느끼는가?
3. 건강한 포옹을 받지 못하고 있다면, 그 욕구를 충족받을 가능성이 가장 높은 곳은 어디인가?

33. 성경 읽기 _ 잠언 3:8

여 자 의 육 감

　남자들에게 한 가지 말해주고 싶은 것이 있다. 내 사무실을 방문했던 여성이나 내 아내를 비롯한 수많은 여성들과 대화를 나누어본 결과, 여성들은 천성적으로 대부분 육감을 갖고 태어난다는 것이다. 인간이 보고, 듣고, 맛보고, 만지며, 냄새를 맡는 오감을 갖고 있다는 건 누구나 아는 사실이다. 하지만 여자들은 직관이라는 내적 지식을 갖고 있다. 아마 하나님의 여성성에서 온 것이 아닐까 생각한다. 어떻든 여자들은 직감적으로 안다. 남자들이 비밀로 하려고 시도해도 여자들은 결국에는 알게 되어 있다.

　음란물에 중독된 남자를 배우자나 남자 친구로 둔 거의 모든 여성들이 내게 이렇게 말했다. "계속 알고 있었어요. 남편이 음란물 잡지를 몰래 보고 있다는 것을요. 인터넷을 본다는 것도 알았어요. 단지 문제를 일으키고 싶지 않았을 뿐이지요. 아는 척해서 소란을 일으키거나, 결혼 생활이 어려워지는 걸 원치 않았어요. 하지만 그이의 눈을 보면 알 수 있었지요. 성에 대한 태도나 나를 대하는 태도를 보면 다 보였어요. 잠자리에서 이상한 체위를 요구하는 걸 보면 짐작이 돼요. 도무지 수용할 수 없는 불결한 걸 요구하기도 했어요. 그러다보니 우리 사이에 벽이 생기고 서먹해져서 가까이하지 않게 되었어요. 하지만 그가 날 떠날까봐 두려웠어요. 화를 내면 어쩌나 겁이 났어요. 그래서 그 일을 피하려다보니 시간이 너무 많이 흘렀어요. 하지만 이제 도무지 못 참겠어요. 이런 사이를 더 이상 감당할 수가 없어요. 상처가 너무 깊어요. 두려워요. 변화가 일어나지 않는 이상, 이런 식으로는 더 이상 안 되겠어요."

다시 분명하게 말하겠다. "그녀는 알고 있다!"

스스로를 속이지 말라. 그리고 그녀를 속이지도 말라. 그녀는 어리석지 않다. 기억하라. 당신은 영리한 여인과 결혼했다는 것을. 당신은 사랑하는 여자와 결혼했다. 그녀를 과소평가하지 말라. 그녀는 알고 있다. 정직히 자신의 상태를 고백하고 도움을 구하라. 관계를 다시 회복하고 건강한 관계로 변화시키기 위해 함께 노력하라.

생각해보기

1. 당신이 무슨 일을 하고 있는지 아내가 알고 있음을 인정하는가?
2. 당신의 문제에 대해 아내에게 언제쯤 솔직히 털어놓을 계획인가?
3. 거짓말을 그만두고 진실하고 정직하게 살아갈 준비가 되어 있는가?

34. 성경 읽기 _ 잠언 5:20-23

3장

비밀과 거짓말

헨리(Henry)는 비밀을 무사히 지켜온 지 오래되었기 때문에 이제 들킬 염려가 없다는 자신감이 생겼다. 다른 곳에 우편물을 받을 곳을 별도로 마련해놓고 '특별한' 잡지를 받아본다. 근처에 비디오를 구입할 수 있는 단골 가게도 있다. 심지어 삼중 사중으로 비밀 번호를 만들어 자신의 컴퓨터를 함부로 뒤지지 못하게 보안 장치를 해놓았다. 자신의 은밀한 '취미'에 대해 아무도 알아내지 못할 것이다. 아내나 딸, 친척들, 목사님, 이웃들, 직장 동료들, 그 누구도 말이다.

불행하게도 이제 헨리는 수동적으로 참여하는 것만으로는 만족하지 못하는 지경이 되었다. 흥분의 수위와 만족도를 더 끌어올려야 할 필요가 생겼다. 그래서 궁리 끝에 새롭고 흥분되는 일을 시도해보기로 결정했다. 그 결과는 어떻게 되었을까? 헨리는 공공장소에서 음란 행위를 하다가 체포되었다. 대낮에 차 안에서 자위행위를 하다가 경찰에게 적발된 것이다. 지역 사회 내에서의 헨리의 위치를 감안한다면, 그의 체포 소식은 뉴스에 나올 감이었다. 그날 밤 텔레비전에는 굴욕감으로 어쩔 줄 모르는 헨리의 얼굴과, 구치소 앞에서 눈물범벅이 된 아내 마지(Marge)의 모습이 그대로 중계되었다.

부부가 헨리의 차를 찾으러 갔을 때, 그녀는 좌석에 어지럽게 흐트러진 음란물과 자위 도구들을 보았다. 눈앞의 상황에 망연자실했지만, 그동안의 헨리의 수많은 행동들과 부부 생활이 비로소 이해되기 시작했다. 이제 마지는 확신할 수 있다. 헨리의 음란물 중독 상태가 심각하다는 것을. 비밀은 밝혀지기 마련이고 진실은 대면할 수밖에 없다.

숨기는 이유

 음란물을 몰래 보는 이유를 당사자는 알고 있다. 부끄럽기 때문이다. 당연한 반응이다. "우리 가족은 그런 문제에 대해서는 개방적이야. 아내도 이해해. 음란물을 보는 게 문제될 건 없다고 생각해. 전혀 가책을 느낄 필요가 없어"라고 말하는 사람들도 떳떳이 대놓고 음란물을 보지는 못한다.

 그런 사람들에게 종종 이런 질문을 해본다. "음란물을 본다는 사실을 숨길 필요가 없다고 생각하면 담임 목사님께 한번 말씀해보세요. 딸을 데려와서 알려주세요. 딸이 10살이나 13살, 아니면 16살이라면, 아니면 27살의 성인이라 해도, 아빠가 음란물을 본다는 사실을 알면 어떤 반응을 보일 것 같나요? 그렇게 떳떳하다면 사람들과 차를 마시며 한담을 나누다가 음란 잡지를 꺼내 보거나, 컴퓨터를 켜서 좋아하는 웹 사이트를 볼 수도 있고, 대형 텔레비전으로 비디오를 볼 수도 있지 않겠습니까?"

 당신은 누구에게 거짓말을 하고 있는가? 몰래 음란물을 보면서 사람들에게 들키지 않으려고 숨기고 있지 않는가? 그것을 숨기려고 온갖 머리를 다 짜낼 것이다. 차고나 옷장 안, 당신의 스웨터 밑이나 침대 밑(사실 모든 어머니들이 가장 잘 찾아내는 곳)에 무엇을 숨겨놓았는지 아무도 모를 것이라 생각한다. 컴퓨터를 할 때도 아무도 눈치채지 못하는 아이디를 사용하거나, 복잡한 비밀 번호로 숨겨놓았기 때문에 아무도 모를 것이라고 생각할지 모른다. 그렇게 사람들의 눈에 안 띄려고 하는 건 부끄럽기 때문이고 잘못된 것임을 알기 때문이다. 음란물에 중독된 사실을 교묘하게 잘 숨겨왔다 해도, 여전히 그것은 거짓이다. 정신적으로 육체적으로 소중한 에너지를 사용해서 숨겨야 하는 비밀이다. 그러나 사실 누군가 이미 그 사실을 알고 있거나 적어도 의심스럽게 생각하고 있다. 아들이나 딸에게 당신이 은밀하게 숨겨온 파일이나 잡지를 들키는 위험을 자초하지 말라. 스스로를 존중하기 위해서라도 비밀리에 숨겨온 것들을 다 버리라.

생각해보기

1. 음란물을 주로 숨기는 곳은 어디인가?
2. 자신이 깜쪽같이 음란물을 숨기고 있다고 생각하는가? 주변 사람들이 정말 그 사실을 모를 정도로 어리석다고 생각하는가?
3. 정말 떳떳하다면 이런 음란물들을 딸에게 보여줄 수 있는가?

35. 성경 읽기 _ 이사야 45:16, 다니엘 9:8

음란물과의 외도

성경은 하나님과 우리 사이를 분리시키는 모든 행위를 음행이라고 표현한다. 사람들은 돈과도 사랑에 빠질 수 있고 욕망이나 교만과도 사랑에 빠질 수 있다. 그러므로 주님과 우리의 언약 관계를 해치는 것은 무엇이든지 음행에 해당한다.

우리 문화에서는 외간 여자나 남자와 성관계를 가지면 음행을 저질렀다고 말한다. 하지만 그게 전부는 아니다. 우리가 은밀히 저지르는 것은 모두 음행이 될 수 있다. 음란물을 탐닉하는 것은 현실에 바탕을 두지 않는 욕정이며 사랑이다. 사람들은 갖지 못한 것을 갈망하거나 원하는 것을 실현하고자 한다. 문제는 그것이 배우자와의 사이를 갈라놓고 하나님과의 관계를 분리시킨다는 것이다. 그 일은 죄이기 때문이다. 음란물 중독을 하나의 '쟁점 사안'이라고 말하지 말라. 그것은 '죄'다. 중독자들은 음란물과 사랑에 빠진 것이다. 욕망에 먹이를 공급하고 음란물이라는 연인을 위해 돈을 투자한다. 시간과 에너지를 투자한다. 음란물과의 외도는 남편과 아내 사이를 갈라놓는다. 진짜 관계에 몰두하지 못하도록 막는다. 그것은 마음의 외도이며 몸의 외도이다. 본인이 직접 주도하고 계속 유지시켜가는 외도이다.

당신은 중독에 사로잡혀 있지만, 또한 중독을 먹고 살고 있다. 마치 독수리가 주검 주위로 몰려드는 것과 같다. 추하고 역겹지만 한 조각이라도 먹기를 바라고, 그 사체를 뜯어먹지만 그럴수록 부패하고 썩었다는 것을 확인할 뿐이다.

　음란물과의 사랑은 인간 존재의 본질이자 핵심인 자신의 마음을 내어주는 일이다. 단순히 육체적인 것들만 내어준 것이 아니다. 바로 자기 자아를 내어준 것이다. 자신의 핵심인 마음을 내어줌으로써 결혼식 언약을 파기한 것이다. 사랑하고 아끼며 섬기겠다는 약속을 저버렸다. 배우자와 하나님 앞에서 했던 그 언약을 깨버렸다. 그러니 아내가 화를 내고 질투하는 것이 당연하지 않겠는가? 충격을 받고 두려움을 느끼며 불안해하지 않겠는가? 당연한 일이다. 결혼식 날 당신이 아내에게 약속한 것을 배신했기 때문이다. 이제 되돌아가서 그것을 치유하고 바로잡아야 한다. 미안하다는 말로 끝내지 말라. 음란물이 아닌 오직 그녀에게만 충성하겠다는 진정한 마음의 회개를 아내에게 전달해야 한다.

생각해보기

1. 음란물에 심취하는 자신이 외도를 범하고 있음을 인정하는가?
2. 음란물 중독이 당신과 아내와의 사이를 갈라놓는 원인이 되는 까닭은 무엇인가?
3. 아내와의 관계보다 음란물에 더 몰두하고 공을 들이는 이유는 무엇인가?

36. 성경 읽기 _ 마태복음 15:19, 마태복음 5:28

회 피

　대부분의 인생을 이렇게 회피로 일관하며 살아가고 있지는 않는가? 우리는 어떤 영역에 문제가 있다는 사실을 정면으로 직면하는 것을 회피하고 두려워한다.
　지금 회피하고 있는 문제는 자신이 음란물에 중독되어 있다는 사실일 것이다. 중독으로 인해 초래될 결과를 생각하지 않으려 한다. 비용 역시 생각하지 않으려 한다. 솔직해지자. 음란물에 지금까지 허비한 돈이 얼마인가? 인터넷 사이트 이용료로 얼마를 지불했는가? DVD나 잡지 구입비로 얼마를 사용했는가? 때로 음란물을 다시 보지 않겠다고 모두 처분하고 없애보기도 하지만, 결국 다시 돈을 주고 구입하고 만다. 그러면 지금까지 쓴 엄청난 돈도 모자라 금방 더 많은 돈을 쓰게 된다.
　음란물 중독이 배우자와의 관계나 직장, 생활 방식, 자녀들에게 어떤 영향을 미칠지 그 실체를 생각해보지 않으려 한다.
　회피란 부정의 한 가지 방식이며, 부정은 문제를 직면하지 않는 행위이다. 정직하자. 진실하자. 성실하자. 어떤 문제가 있는지 직면하자. 당신은 그것이 잘못된 일임을 알고 있다. 중독으로 어떤 피해를 입고 있는지 알고 있다. 스스로의 인생에서 그리고 마음에서 음란물이 차지하는 위치를 외면하고 회피하지 말라.
　부부 사이는 어떤가? 아내와의 관계에 열중하고, 아내의 필요를 채워주는 일에 무관심했던 적이 얼마나 많았는가? 아내의 육체적이고 정서적인 필요를 외면하고, 아내를 인격적이고 진실하게 대하는 데 소홀한 적은 얼마나 많았는가? 아내의 필요를 채워주기는커녕 음란물을 이용해 자신의 욕구를 채우는 데 급급하지 않았는가? 남편으로서 책임을 회피하지 않았는가? 배우자에게 마땅히 가져야 할 진실함을 외면하지 않았는가? 아내에 대한 헌신을 외면하지 않았는가?

생각해보기

1. 자신이 음란물 중독이라는 사실을 회피하고 외면한 지가 얼마나 되었는가?
2. 언제쯤 중독 사실을 밝히고 삶이 심각한 영향을 받고 있음을 정식으로 직면할 것인가?
3. 음란물이 자신의 인생에 엄청난 역할을 하고 있으며, 큰 대가를 요구하고 있음을 언제쯤 인정할 것인가? 그 대가는 무엇인가?

37. 성경 읽기 _ 잠언 6:23-29

부 정

사람들은 누구나 중독에 빠지면 첫 단계인 부정의 단계를 통과한다. 가령 이렇게 말한다. "나는 아무 문제가 없어. 털어놓을 일이 전혀 없단 말이야." 다시 말하지만 이건 거짓말이자 자기기만이다. "어쩌다가 한 번씩 하는 건데 뭐. OO할 때 외에는 안 해." 당신이 가장 자주 둘러대는 변명은 어떤 것인가? 부정한다는 건 문제를 직면하지 않는다는 것이다. 정직하지 않다는 것이다. 진실하지 않다는 것이다. 부정이란 자신에게 하는 거대한 거짓말이다.

마치 차에 기름이 떨어져가고 있다는 사실을 무시하는 것과 마찬가지다. 기름이 얼마나 남았는지 알기 위해 계기판을 확인하지 않는다면, 기름이 거의 바닥나기 직전임을 알 길이 없다. "내 차는 다른 차들과 다르다. 차에 무슨 문제가 있는지 알아보기 위해 정비소를 갈 필요가 없다." 차가 과열되고 엔진 결함이 생긴 이유를 절대 생각해보려 하지 않는다. 하지만 그러던 어느 날, 고속도로에서 속도를 줄이다가 갑자기 차가 완전히 정지해버리고 만다.

부정한다고 해서 결코 문제가 사라지지 않는다. 사실 문제는 점점 더 심각해지고 있다. 몸이 계속 좋지 않지만 진료받기를 한사코 거절하는 사람들이 종종 있다. 갑작스럽게 통증이 시작되었을 수도 있고, 만성적으로 고통을 느껴왔을 수도 있다. 그 사람은 자신의 몸에 심각한 문제가 생기고 있음을 직감적으로 알지만 치료받는 것을 계속 미룬다. 마침내

어쩔 수 없이 병원으로 실려갔을 때, 생명이 위협받을 정도의 중병에 걸려 살날이 얼마 남지 않았음을 알더라도 충격을 받을 이유가 있겠는가?

부정은 자신 안에 암이나 어떤 중독 증세가 심각해지고 있다는 사실에 눈을 감게 한다. 사단을 두고 등을 보이지 말라. 그가 사자처럼 당신의 영혼을 노리며 삼키려고 하기 때문이다. 부정은 사단이 계속 우리를 지배하도록 방치하고, 우리 안에 중독이 더 깊숙이 뿌리내리도록 하려는 속임수이자 술수다.

생각해보기

1. 자신에게 끊임없이 거짓말을 하는 부정 단계에 있지는 않는가?
2. 자신의 상태를 부정한 지 얼마나 오래되었는가?
3. 정신을 차리고 중독과 직면하고 싸우기 위해서는 무엇이 필요한가?

38. 성경 읽기 _ 골로새서 3:9, 전도서 10:12

내 친구

이 단계의 변명은 중독 회복 프로그램에 가면 흔히 들을 수 있는 소리다. 그 친구는 말을 되받아치지 않는다. 책임을 지라고 요구하지 않는다. 무엇을 희생하라거나 헌신을 해야 한다고 요청하지 않는다. 내게 무척 우호적이다.

음란물은 친구가 되어준다. 악한 친구이긴 하지만 말이다. 무엇이든 마음대로 할 수 있다. 리모컨, 마우스, 페이지 넘기기, 시간과 장소, 영상의 종류 등 무엇이든 마음대로 조절할 수 있다. 피곤하고 외로울 때, 스트레스로 힘들 때, 걱정이나 두려움이 생길 때, 익숙하면서도 편안한 친구가 되어준다. 늘 기다려주는 내 친구가 생긴 것이다. 언제나 어느 때라도 찾아갈 수 있다. 좋아하는 내용을 마음대로 선택할 수 있고 원하는 장면을 골라볼 수 있다. 기분이 좋아지고 괴로운 현실과 가족들, 힘든 책임들이나 고통에서 잠시라도 벗어날 수 있게 해준다. 환상을 즐길 수 있고, 긴장에서 벗어날 수 있으며, 자위행위를 할 수 있다. 나를 만족시켜준다. 그만하라고 채근하거나 독촉하지 않는다. 죄책감을 느끼게 하거나, 시간을 이렇게 쓰고 싶은지 신중하게 생각하라고 가르치지 않는다. 내 친구는 남에게 내 이야기를 결코 전달하지 않는다. 떠벌리지 않는다. 그래서 그 친구와 나만 아는 은밀한 거짓을 계속 즐길 수 있다.

이건 모든 중독에 해당한다. 도박, 마약, 알코올, 돈에 대한 탐욕, 일에 대한 중독까지 모두 적용된다. 중독은 한계를 두지 않고 우리의 친구가 되어준다. 대신 우리를 파괴하고 잠식하는 왜곡된 방법을 사용한다. 결코 책임을 지라고 요구하는 법이 없지만, 또한 당신에 대한 애정이 전혀 없는 친구다. 그 친구의 유일한 관심은 '음란물 산업의 번창을 위해 당신에게 얼마만큼의 돈을 갈취할 수 있는가'이다. 당신이나 당신 가족의 유익을 전혀 생각하지 않는다.

훔치고 거짓말하는 무익한 친구다. 친구라는 착각에서 깨어나야 한다. 사실 친구라기보다 오히려 적이다. 그 실체를 제대로 파악하고 인정하라.

생각해보기

1. 음란물이 진짜 좋은 친구인가? 순수하며 건강한 살아 있는 친구인가?
2. 이 친구가 돈과 시간, 당신의 영혼, 자기 존중감 외에도 요구하는 것이 무엇인가? 이 우정을 유지하기 위해서 어떤 대가를 치르고 있는가?
3. 이 친구가 당신의 인생에서 또 훔쳐가고 있는 것은 없는가? 근무 시간이나 육아 시간을 훔쳐가지는 않는가? 아내와 보내야 할 시간이나 심지어 당신의 휴식 시간마저 빼앗아가지는 않는가?
4. 이 친구가 인도하는 곳은 어디인가? 이 친구가 하나님의 나라와 하나님과의 풍성한 관계로 인도하고 있는가? 아니면 반대로 하나님과 당신을 분리시키고 있는가?
5. 중독으로 인해 해고를 당하거나, 이혼을 당하거나, 아니면 자녀에게 중독 사실을 들킬 때, 그 친구가 한결같이 함께하며 당신을 곤경에서 끌어내 회복할 수 있도록 도움을 줄 수 있는가?
6. 중독으로 인해 포기한 관계들(직장, 자녀, 친구)은 얼마나 되는가?

39. 성경 읽기 _ 신명기 13:6-8

합 리 화

합리화는 자신이 원하는 것을 정당화시키고자 하는 노력이다. "괜찮아. 나는 아무 문제없어. 그 문제로 더 이상 왈가왈부하고 싶지 않아. 다른 사람의 일이 아니라 내 문제잖아"라고 말하는 능력이다.

합리화는 우리가 벌이는 은밀한 게임이자 거짓말이며, 그 작업을 통해 우리는 가장 교활하고 확실하게 우리 자신을 설득시킬 수 있다. 그리고 결국 그것을 실제로 믿게 된다! 스스로 원해서 자기 자신에게 상품을 판매한 것이다. 자신을 설득할 때 사용한 내용을 사람들에게 큰 소리로 일러주면 그들은 어떤 반응을 보일까? 자신을 설득하고 자신의 행동을 합리화시키는 과정을 테이프로 녹음해서 들려준다면 그것을 '구입할' 사람이 있을까? 자신의 생각이 자랑스러울 것 같은가? 아니면 사람들이 모르도록 숨기고 계속 비밀에 부치고 싶겠는가?

합리화는 거짓말을 진실로 둔갑시키는 작업이기 때문에 교묘한 전술이라고 할 수 있다. 우리는 그 진실이 우리를 자유케 해줄 것이라고 믿는다. 하지만 바로 그 점이 함정이다. 합리화는 아무리 미화해도 거짓에 불과하기 때문에 결코 진실이 될 수 없고, 따라서 우리를 자유하게 해줄 수 없다. 오히려 헤어나올 수 없는 거짓의 늪으로 밀어넣거나 덫에 가두어 우리를 결박하고 지배한다. 이러한 합리화는 과감히 떨쳐버리고 드러내야 한다. 그렇게 하기 위해 우선 누군가에게 합리화의 구실로 삼은 내용을 솔직히 털어놓고, 자신의 말이 어떤 느낌인지 확인하는 작업부터 시작하라. 당신의 '진실'에 대한 그 사람의 반응을 주의 깊게 보라. 다른 사람에게 차마 그 내용을 털어놓을 수 없다면 종이에 솔직하게 적어보라. 그리고 당신이 적은 내용을 가감 없이 있는 그대로 살펴보라. 자신의 행위를 어떤 말로 합리화하고 있는가? 어떤 구실을 들이대고 있는가? 어떤 이유들을 내밀고 있는가?

생각해보기

1. 자신의 행위를 합리화시키고 있지는 않는가?
2. 자신의 음란물 사용을 정당화하기 위해 어떤 구실과 변명을 들이대고 있는가? 그 구실과 변명은 무엇을 가리기 위한 것인가?
3. 중독 사실이 드러날 때, 내가 주장하는 이유와 변명을 믿어줄 사람이 한 사람이라도 있는가?

40. 성경 읽기 _ 베드로후서 2:18-19

내 머릿속의 위원회

이 위원회의 위원들은 우리의 머릿속에서 우리의 음란물 중독을 둘러싸고 언쟁을 벌이는 목소리들을 가리킨다. 각자 상이한 의견을 가진 수많은 사람들이 탁자에 둘러앉아 있는 장면을 상상해보라. 어떤 목소리는 이렇게 말한다. "음란물 중독이 그렇게 나쁜 것만은 아닙니다. 괘념치 마세요. 스스로 조절하면 되지 않습니까?" 그러면 또 다른 목소리는 이렇게 되받아칠 것이다. "조절하면 된다고요? 절대 조절할 수 없습니다. 오히려 당신이 지배당하고 있지 않습니까?" 그러자 또 다른 목소리가 나서서 이렇게 말한다. "난 조절이 가능합니다. 하지만 지금 그만두고 싶은 마음이 전혀 없습니다."

따라서 서로 의견이 전혀 일치하지 않는 위원들이 옥신각신 싸우고 있는 셈이다. 바울이 로마서에서 말한 대로, 우리 존재의 다른 영역에 있는 '내 육신과 영'이 서로 다투고 있는 형국이다.

이 위원회는 음란물 중독을 정당화하기 위한 거짓된 과정의 일부다. 거짓을 통해 잘못된 메시지를 전달하고, 중독을 옹호하며, 정당화시켜 주는 모임이다. 우리는 스스로에게 "이 위원회를 주재하는 의장이 누구인가?"라는 기초적이면서 자기 탐색적인 질문을 해야 한다. 그 위원회의 의장은 바로 당신이다. 그러므로 책임을 져야 할 사람도 당신이다. 당신을 중독으로 끌고가는 거짓말들이 무엇인지 가려내야 한다. 또 양심과 성령으로부터 나오는 목소리는 어떤 것인지 식별해야 한다. 주님은 사람들에게 끊임없이 말씀을 하시지만, 사람들은 주님의 음성에 귀를 막고 있다!

다음과 같은 목소리에 귀를 기울이고 있지는 않는가? "중독에 대한 이 사실은 비밀이야. 공개적으로 새어나가는 일이 있어서는 안 돼. 씨름하더라도 혼자서 해야 돼. 자신에게는 솔직할 필요가 있거든."

이제 구조 조정을 할 때가 되었다. 위원들의 해고 명단을 작성하고, 새로운 위원들을 선임해야 한다. 건강한 사람들을 선택해야 한다. 옳은 일을 하도록 이끌어주고 더 강해지도록 도와주며, 중독을 치유하고 극복하도록 방향을 제시하고 함께 가줄 목소리들에 귀를 기울여야 한다. 부정적인 위원들과 거짓말하는 위원들을 제거하라.

생각해보기

1. 위원회에 어떤 목소리들이 있는가? 서로 상이한 목소리들과 그 역할들을 이야기해보라.
2. 의장은 누구이며, 가장 영향력이 큰 목소리는 무엇인가? 가장 강력한 목소리가 당신 자신인가? 아니면 다른 목소리인가?
3. 어떤 위원이 진실을 말하고, 어떤 위원이 거짓을 말하는지 식별할 수 있는 방법은 무엇인가?

41. 성경 읽기 _ 로마서 5:19

중독의 악순환

악순환이란 당신이 벌이는 게임이다. 음란물 잡지나 비디오를 산다. 얼마 동안 그 음란물을 통해 성적 만족을 얻는다. 그러다가 죄책감을 느끼고, 하나님과 아내에게 죄를 짓고 있다는 생각이 든다. 그러면 그 음란물들을 쓰레기통에 집어던진다. 하지만 얼마 지나지 않아 인터넷을 검색해서 가서는 안 된다고 생각하는 사이트를 뒤적인다. 그리고 다시 죄책감이 생기면 방문했던 사이트들을 다 지우고 다시는 그런 짓을 하지 않겠다고 스스로에게 맹세한다. 하나님과 흥정을 벌이며 "제발 여기서 벗어나게 해주십시오. 다시는 이 짓을 하지 않겠다고 약속합니다"라고 기도한다. 혹은 음란물을 사용하는 것을 아내에게 들킨 후, 앞으로는 절대 음란물을 보지 않겠다고 맹세할 수도 있다.

그러나 경계심이 풀리면 어느새 다시 중독에 빠지고 만다. 잡지를 숨겨놓은 차고를 몰래 뒤지거나 성적 충동을 채워줄 웹 사이트들을 드나들기 시작한다. 중독의 악순환은 수년간, 심지어 수십 년간 지속될 수 있다. 기복은 있을 것이다. '내 마음대로 하고 싶다 – 죄책감을 느낀다 – 하나님의 도움을 받고 싶다 – 나 자신과 아내에게 맹세하겠다 – 약속을 어긴다 – 그리고 그 주기를 반복한다.'

이런 악순환이 반복되는 원인은 무엇인가? 자신의 지난 중독의 역사를 면밀히 살펴보라. 중독의 영향력이 가장 강력한 힘을 행사했던 시기들과, 그 영향력이 최소화되거나 아예 존재하지 않았던 때를 조사해보

라. 음란물을 대하는 내 마음은 어떤 상태인가? 미워하고 있는가? 그 반대인가? 음란물을 보지 않으면 보고 싶어 초조해지는가? 무언가를 빼앗겼다는 허전함을 느끼는가? 다시 음란물을 찾도록 만드는 요인은 무엇인가? 외로움인가? 분노 때문인가? 중독에서 벗어나 그 악순환의 고리를 끊고 싶게 만드는 것이 있다면 어떤 것인가?

이 악순환을 멈추어야 한다. 음란물 중독에서 벗어나는 방법은, 잘못을 인정하고 책임을 지는 것이다. "내가 악순환에 빠져 있음을 알고 있다. 이제 어떻게 하면 여기서 벗어날 수 있는가?"라고 인정함으로써, 이 악순환을 중단시켜야 한다. 다음의 두 단계를 따르라. 1) 이 악순환을 살피고 파악한다. 2) 자신과 하나님 그리고 다른 사람들과 벌이는 게임을 중단한다. 이 일은 용기와 의지가 필요하지만, 음란물 중독이 악순환된다는 사실을 인정하면 긍정적인 방향으로 한 걸음 성큼 다가갈 수 있다.

생각해보기

1. 음란물 주기 중, 당신은 현재 어느 상태에 있는가? 각 단계들을 설명해보라.
2. 끊임없이 위반하기는 하지만 하나님과 자신과 맺은 약속이 있다면 무엇인지 이야기해 보라.
3. 그 악순환에서 빠져나오지 못하도록 하는 것은 무엇인가?
4. 오늘, 바로 지금 그 악순환의 어느 부분을 깨뜨리고 있는가? "바로 지금 여기서 그 악순환에서 벗어나겠다"라고 말할 수 있는 부분은 어느 지점인가?
5. 그 악순환을 다시 반복하도록 촉발시키는 원인은 무엇인가?

42. 성경 읽기 _ 로마서 7:19-25

두 얼굴

음란물 중독과 관련된 거짓의 또 다른 요소는 연출된 이중적인 모습이다. 직장이나 교회, 가정, 친구들 사이에서 공개적으로 드러내는 얼굴이 있다. 공적인 면에서 보면 당신이 음란물에 빠져 있음을 그 누구도 의심하지 않을 것이다. 상상조차 할 수 없을 것이다! 더없이 훌륭하고 모범적인 시민이며, 교회의 리더이자, 가정에서는 온유하고 자상한 아버지이다. 그 누구도 음란물 중독자라고 생각하지 못한다.

그러나 마음의 어두운 곳에는, 한밤중에 컴퓨터 앞에 몰래 앉거나 혼자 텔레비전을 켜고 은밀한 비밀을 즐기는 또 다른 자신이 있다. 역겨운 성적 환상을 좇으며 욕정에 사로잡힌 남자가 있다. 또 다른 그는 스스로 인정하는 것보다 더 깊이 음란물에 중독되어 있을지 모른다. 기괴하고 추악한 것을 탐닉하고 있을지 모른다.

욕망이 실컷 충족되면 텔레비전이나 컴퓨터를 끄고(중독 사실이 발각되지 않도록 모든 사이트 정보를 지운 뒤), 음란 전화를 끊거나 잡지를 다시 몰래 숨긴다. 이제 얼굴에 온화한 미소를 머금고, 셔츠와 넥타이를 반듯하게 가다듬고, 머리를 빗질한 후 '정상'으로 되돌아간다. 또다시 완벽하게 모범 시민이 된다. 얼마나 위선적인가!

이 이중생활을 언제까지 지속할 수 있다고 생각하는가?

두 얼굴을 가지고 사는 일은 엄청난 에너지가 소모된다. 육체적으로, 정서적으로, 지적으로 고갈되고 지치고 만다. 중독으로 인한 피해가 막심하다는 것을 알지 못하고, 심지어 믿지 않는다 해도 음란물 중독은 당신의 인생을 도둑질하고 있다. 우리는 두 얼굴로 살 수 없다. 성경은 우리가 두 주인을 섬길 수 없다고 가르친다. 당신이 우선적으로 섬기는 주인은 누구인가? 진실한 주인은 누구인가? 참 주인은 누구인가?

생각해보기

1. 당신이 감추고 있는 얼굴은 몇 개인가? 아마 두 개 이상일 것이다. 구체적으로 어떤 얼굴인가?
2. 두 얼굴을 하고 살아야 하는 이유가 무엇인가? 이런 이중생활을 계속하기 위해 어떤 노력을 하고 있는가?
3. 진정으로 바라는 삶을 살지 못하도록 막고, 사람들과의 관계나 건강한 활동에 집중하지 못하도록 하는 그 이중적인 얼굴을 벗어버리기 위해 어떠한 노력이 필요한가?

43. 성경 읽기 _ 누가복음 16:15

말하지 말라, 느끼지 말라

알코올 중독 가정 출신의 아이들(ACOA)이 겪는 단계로, '말하지 말고 느끼지 말라'는 단계가 있다. 중독 가정의 아이들은 부모로부터 알코올 중독 – 다른 말로 하면 괴물 혹은 알코올 중독자 회복 모임의 표현을 따르면 거실의 코끼리 – 에 대해 아무도 말하고 싶어 하지 않는다고 배운다. 그러므로 말할 필요가 없기 때문에 느낄 필요도 없고, 느끼지 않으면 존재하지 않는다고 합리화한다.

음란물 중독도 동일한 사실이 적용된다. "내가 중독된 사실을 말하지 않고 내 마음속 깊은 곳에 치워두거나 감추어두면 불편하게 느낄 필요가 없다. 그러므로 난 중독되지 않은 셈이나 마찬가지다… 존재하지 않는 것이다. 그것은 문젯거리가 아니다. 굳이 드러내 말할 필요도 없다. 죄책감을 느낄 이유도 없다. 그리고 분명한 건 그것을 다룰 필요가 없다는 것이다."

이 얼마나 기막힌 거짓말인가! 비밀을 숨길 수 있는 얼마나 편리한 현실 도피인가!

이런 거짓말에 대한 답은 명확하다. 말해야 한다. 그렇다. 느껴야 하는 것이다. 당신은 현실에 살고 있는 인간이다. 음란물은 가짜다. 음란물이 사소하거나 무해한 것이라고 쉽게 스스로를 세뇌시킬 수 있다. 하지만 당신은 피와 살을 가진 인간이다. 음란물에 등장하는 인간들도 마찬가지다. 돈을 위해 자신의 몸을 빌려주었을 뿐이다. 그 은밀한 거짓에서 빠져나와야 한다. 이제 말할 때다. 이제 거짓을 깨뜨릴 때다. 느낄 때다.

생각해보기

1. 자신의 음란물 중독에 대해 자신이나 다른 누군가에게 말하는 것을 포기하지는 않았는가?
2. 음란물이 나쁘다고 느끼는 것을 중단하지는 않았는가? 그 정도는 어느 정도인가?
3. 언제쯤이면 자신의 진실한 감정을 드러내고 두려워하지 않을 것인가? 신뢰할 수 있는 친구가 있는가?

44. 성경 읽기 _ 야고보서 5:16

주 도 권

당신은 음란물의 좋은 점이 무엇이라고 알고 있는가? 원하는 대로 할 수 있다는 것이다. 비디오테이프나 DVD, 잡지, 전화, 컴퓨터를 원하는 때에 원하는 만큼 볼 수 있다. 자극이 되는 것을 마음대로 선택할 수 있다. 성적 자극을 주는 수많은 것들 중에서 마음에 드는 것을 선택할 수 있다. 그러므로 여성의 매끈한 종아리나 신발, 가슴, 금발 머리, 빨간 머리 중 무엇에 자극을 받든, 스스로 선택하고 고르는 지배력을 행사하게 되는 것이다.

이 얼마나 새빨간 거짓말인가! 당신은 자기만의 착각에 완전히 빠져 있다. 원하는 대로 마음껏 고를 수 있기 때문에, 지배력을 행사하는 멋진 상황에 있다고 생각한다. 하지만 그건 실제가 아니다.

한번 생각해보자. 무엇을 마음대로 지배하고 있는가? 당신의 눈을 즐겁게 해주는 영상? 사실 지배하고 있다는 건 완벽한 착각이다. 오히려 통제 불능 상태라는 게 맞는 말이다. 진실과 순수, 성실, 보상, 장기적 인생 계획과 관련해서 주도권을 빼앗겨버린 상태다. 자신의 인생과 행동과 영상에 대해 마음껏 지배력을 행사하는 시간은 고작 2, 30분에 불과하다. 그러므로 자신이 주도적으로 지배한다는 생각은 착각에 불과한 것이다. 사실 컴퓨터나 텔레비전을 끄고 잡지를 덮을 때 그 달콤한 지배력도 신기루처럼 사라지고 만다.

마음껏 지배력을 행사하는 것처럼 느껴지는 음란물에 유혹을 받는 이유는 인생의 다른 영역, 즉 직장이나 가정에서 자신의 영향력이 너무나 보잘것없다는 좌절감 때문일 수 있다. 교묘히 이용당하고 있다는 생각이 들기도 하고, 정당한 인정이나 존중을 받지 못한다는 생각에 시달릴지도 모른다. 마땅히 포함되어야 할 승진 대상에서 늘 제외된다는 열패감에 허우적거리고 있을지 모른다. 아이들마저 자신을 무시한다는 생각이 들지 모른다. 더 이상 아버지의 권위에 순종적이지 않은 아이들을 어떻게 다루어야 할지 무기력감을 느낀다. 재정적으로 가정을 꾸려나가는 게 힘에 부친다. 심지어 아내와의 결혼 생활도 그렇다. 그러므로 무엇이든 자신의 존재감을 확인할 수 있는 대상에 집착하게 된다. 음란물은 그 누구도 침범할 수 없는 '나만의 세계'를 선사해준다. "이곳은 나만의 은밀한 세계며, 무슨 일이든 내 마음대로 할 수 있는 나의 성소다"라고 생각하게 만든다. 그래서 자신의 힘으로는 통제되지 않는 사회나 거대 산업, 빡빡한 매일의 생활 대신 남의 눈을 피해 자신의 통제력을 확인할 수 있는 곳을 계속 찾게 된다. 그곳이 바로 음란물의 세계며, 그 세계에 빠지는 것이다.

    결론을 말하자면, 당신은 결코 그 중독을 마음대로 통제하고 지배력을 행사하는 것이 아니다. 오히려 그 음란물 중독이 철저히 당신을 지배하고 다스린다.

생각해보기

1. 진정한 지배자는 누구이며 혹은 무엇인가? 미디어인가, 조직인가? 아니면 음란물

중독인가?

2. 당신의 인생을 지배하고 있는 중독은 무엇인가?

3. 혼자 힘으로 통제하고 주도하기가 너무나 힘들다고 느껴질 때, 자신의 인생을 주도하고 통제하려고 애쓰는 모습이 지겹지는 않는가?

45. 성경 읽기 _ 데살로니가전서 4:3-5

죄책감 –
진짜인 동시에 가짜

진짜 죄책감은 잘못을 저지를 때 생긴다. 누군가를 속이거나 거짓말을 했을 경우 혹은 남의 것을 훔쳤을 때 생기는 감정이다. 그릇된 일을 하면 죄책감을 느끼게 된다. 그리고 그건 마땅히 느껴야 하는 감정이다! 벌금을 내야 한다. 감옥에 가야 한다. 그 결과는 실제적이다.

거짓된 죄책감은 자신의 탓이 아닌 일로 죄책감을 가지는 경우다. 보통 종교나 가정 환경이 원인인 경우가 많다. 거짓된 죄책감을 갖게 되면 "내가 저지른 일에 대해 당연히 죄책감을 가져야 한다"고 생각하지만, 대가를 치르거나 회개할 방법이 없다.

여기서 한 가지 솔직히 지적할 게 있다. 음란물은 실제로 죄책감을 일으킨다는 것이다. 당신의 마음과 영혼의 무엇인가가, 가슴 깊은 곳의 무엇인가가 "내가 무슨 일을 하고 있는 거지? 왜 이런 짓을 하고 있지?"라고 말한다.

시간이 흐르면 음란물에 중독된 사람들은 마음의 꾸짖음 혹은 양심의 소리를 더 이상 신경쓰지 않는다. 그러면 더 이상 죄책감을 느끼지 않는다. 자신의 행동을 합리화시키고 정당화하며 용인하게 된다. 그러므로 그런 모습이 자신의 인격의 일부가 되며 성격의 일부가 된다.

중요한 핵심은 다음과 같다. 즉, 당신은 죄에 대해 죄책감을 느끼고 있는가? 성령이 당신의 인생이 크게 어긋나 있음을 계속 일깨워주시지는 않는가? 당신의 도덕성을 어디로 내던져버렸는가? 양심에 무슨 일이 일어났는가? 당신의 인생을 지배하던 가치들은 어디로 팽개쳤는가? "내가 지금 하는 일은 육체적으로나 정신적으로나 나에게 좋지 않은 영향을 미친다. 가족에게도 좋지 않다. 어떻게 하면 이 일을 멈출 수 있는가? 어쩌다가 이런 습관에 빠져버린 걸까?"라고 속삭이는 음성이 아직 들리고 있는가?

이러한 양심의 소리를 재각성하게 되면, 자신이 유죄임을 인정해야 한다. 자신의 잘못을 밝히고 주님께 용서를 구하라. 배우자에게 용서를 구하라. 그리고 자신의 죄가 용서받았음을 인정하라. 그러면 이제 행동할 차례다. 자신이 저지르고 있는 일을 분명하게 직시하고 건강한 행위가 아님을 인정해야 한다. 스스로에게 "이 생활에서 벗어나고 싶다"라고 선포하라.

죄를 자백하면 자유함을 얻게 된다. 그러나 또한 죄책감의 원인이 되는 행위들을 중단해야 한다. 음란한 생각들과 행위, 남의 눈을 피해 고립을 자초해온 행동들을 끊어야 한다. 죄책감은 하나님이 주시는 것이 아니다. 하나님은 은혜와 용서의 하나님이시다. 그러나 하나님의 은혜를 남용해서는 안 된다. 죄를 지으면 그 결과에 대해 책임을 져야 한다. 성경을 보면 때로 죄의 결과가 사망이라고 말한다. 아마 언제나 물리적인 사망만을 의미하는 건 아닐 것이다. 하지만 영적 사망과 정서적 사망, 관계적 사망을 당할 수는 있다. 자신에게 정직하라. 이 음란물 중독에 대해 어떤 대가를 치렀는가? 때로 한번씩 재미삼아 음란물을 엿보는 것도 대가를 치러야 한다. 그 대가가 무엇이든 큰 비용을 지불해야 한다.

죄책감에서 끝나지 말고 결심을 하라. 그리고 회복을 향한 걸음을 시작하겠다고 결심할 힘을 구하라.

생각해보기

1. 죄책감을 느끼고 있는가?
2. 죄책감이 느껴지지 않는다면 그 이유는 무엇인가? 음란물에 심취해 있다는 사실을 정당화하기 위해 어떤 노력을 하고 있는가?
3. 죄책감과 고통에서 벗어나기 위해 무엇을 할 계획인가?

46. 성경 읽기 _ 욥기 36:8-12

페티시

페티시란 암시나 연상을 통해 성적으로 흥분하게 만드는 물건을 말한다. 예를 들어, 힐을 신고 있는 여성이 있다. 어떤 남자들은 이 길고 뾰족한 구두나 그녀가 신고 있는 망사 스타킹에 성적 흥분을 느낀다. 아니면 특별한 브래지어나 긴 귀고리 혹은 특정한 생김새, 아니면 야릇한 말투도 성적 흥분의 도구가 된다. 포르노 산업은 연상을 즐기는 인간의 성향을 돈벌이 수단으로 삼는다. 사람들 각자가 가진 특정 흥미거리가 무엇이건 간에 그것을 집중적으로 자극하는 영상을 만들어 퍼뜨린다. 자신들의 상품을 사용하도록 유인하기 위해 이런 요소들을 삽입한다. 이것은 DVD를 사거나 웹 사이트를 방문하도록 유도하기 위한 그들의 마케팅 전략이다. 또 다른 예는, 방학을 맞은 대학생들과 같은 특정 집단을 겨냥해 행사를 여는 것이다. 해변이나 파티에서 젊은 여성들을 등장시키는 건 일종의 페티시라 할 수 있다. 실제로 그녀들과 데이트를 할 수는 없지만, 그녀들과 관계를 가지는 상상은 할 수 있다.

이런 행위는 음란물의 거짓말을 지속시키는 역할을 한다. 페티시는 인간의 연상 능력을 이용하는 것이며, 페티시에 사용되는 물건들은 환상이나 희망 그리고 기억을 자극하는 촉매제 역할을 한다. 하지만 사실 이런 것들은 모두 '미끼'를 물게 하기 위해 사용하는 낚시 바늘일 뿐이다.

당신에게 자극이 되는 페티시는 무엇인가? 그것이 무엇이건 그것을 떠올리면 당신은 흥분하게 된다. 그리고 "나는 이런 쾌감이 좋다. 제발

이걸 입어볼래? 잠자리에서 그 말을 내게 속삭여줄래"라고 말하게 하는 머릿속의 스위치를 가동시킨다. 이 모든 것은 오직 자신의 쾌락을 위해 배우자를 비인격적이고 무가치한 이용 대상으로 바라보게 만든다. 그러나 결국 페티시는 환상 그 이상은 아니다. 우리는 우리가 상상하거나 강요하고 싶은 배우자의 모습이 아니라, 배우자의 성품과 성향 그대로를 사랑하고 인정해주어야 한다.

페티시와 관련된 물건들을 모두 제거하라. 그런 물건들에 집착하면 점점 현실 인식이 떨어지고, 결국 배우자와의 관계는 파국으로 치닫게 될 것이다. 아내에게 특정한 복장이나 속옷을 착용하도록 요구해서, 아내의 본래 모습이 아닌 다른 모습을 상상하고 즐기지는 않는가? 아내를 있는 그대로의 한 인간으로, 내적으로나 외적으로 진정한 인격체로 바라보아야 한다. 다시 말해, 하나님이 함께 인생을 공유하도록 축복으로 주신 특별한 피조물로서 아내를 존중하고 사랑해야 한다. 게임을 벌이다가 페티시에 제물로 낚여서 아내와의 실제적이고 풍성한 관계를 희생하지 말라. 자신밖에 모르는 이기적인 인간이 되지 말라.

생각해보기

1. 당신이 중독된 페티시는 어떤 것인가?
2. 왜 그것들이 특별한가?
3. 그 페티시에 대한 중독에서 벗어날 수 있는 방법은 무엇인가?

47. 성경 읽기 _ 에스겔 20:30, 빌립보서 4:8

자위, 자기애의 다른 이름

이것은 매우 노골적이고 개인적인 주제다. 일종의 '성역'으로 간주될 수도 있지만, 진지하게 다룰 필요가 있는 문제다. 심지어 기독교적인 맥락에서 들여다볼 필요가 있다.

자위행위는 오직 자신의 만족을 위해, 자신만의 은밀한 세계에 몰입하는 것이다. 많은 남자들에게 자위행위는 생활의 일부처럼 자리 잡고 있다. 대부분의 남자들이 자위행위를 하고 있다고 생각된다. 남자들은 그것을 보통 사춘기에 처음 경험한다. 불행하게도 성인이 되어서까지 자위행위를 하는 남자들은 음란물에 중독될 가능성이 높다. 환자들과 상담을 하면서 나는 남자들이 성적 이미지와, 생각들과, 농담들과, 성적 환상들을 저장하는 기억 창고를 갖고 있음을 알게 되었다. 문제는 그것이 오직 자신만을 위한 것이라는 데 있다. 자신이 좋아하거나 믿는 것, 혹은 자신이 생각하거나 갖고 싶은 것들로 채워져 있다. 성도착적인 내용도 있고 공개적으로, 혹은 배우자와 절대 나누고 싶지 않은 내용도 있다.

문제는 자위를 하면 배우자와의 관계가 소원해진다는 것이다. 서로를 안아주고 관계를 누리며, 누군가와 함께 있다는 정서적이고 영적인 충족감을 누리지 못하게 된다. 두 사람이 서로의 필요를 충족해주고자 노력하는 사랑의 관계를 빼앗기게 된다. 자위를 함으로써 배우자에게 "당신을 사랑하고 싶다. 당신에게 아낌없이 주고 싶다. 당신을 위해 희생하고 싶고 돌봐주고 싶다. 당신과 함께하고 싶다"라고 말할 기회를 저버리게 된다.

　자위를 하려면 홀로 있어야 한다. 자신의 감촉으로 자신만을 만족시키고자 애쓰며 혼자만의 시간을 가진다. 모든 게 자신에게 집중되어 있다. 매우 이기적이다. 다시 말해 누군가와 교감이 없다는 뜻이다. 따라서 고립된다. 배우자와 소원해지고 이기적인 욕심을 채우는 데 급급하다. 그것이 하나님이 의도하신 건강한 성이라 할 수 있는가?

생각해보기

1. 얼마나 자주 자위행위를 하는가? 자위행위를 하는 이유는 무엇인가?
2. 배우자에게 숨기고 있는 건 무엇인가?
3. 음란물과 더불어 자위가 생활의 중요한 한 부분이 될 정도로 집착하게 된 이유는 무엇인가?

48. 성경 읽기 _ 고린도전서 6:13

여성들은 음란물에 흥분을 느끼지 않는다

이 말은 정말 사실이다. '전통적인' 음란물은 시각적인 데 초점을 맞추었기 때문에, 남자들의 성적 흥분을 자극한다. 남자들은 본능적으로 성욕이 강하고, 보는 것을 통해 흥분을 느낀다. 하지만 여성들도 같은 영상에 흥분할 거라는 생각은 사실이 아니다. 여성들은 마음과 정서가 건드려질 때 흥분한다. 남편의 사랑을 느끼고, 남편이 자신을 존중하고 아껴주며, 대화하고 말을 들어주며, 보호해준다는 생각이 들 때 감정이 움직인다. 성실한 모습과 부드러움 그리고 상호 신뢰에 마음이 움직인다. 몸을 맞대고 함께 있고 싶다는 느낌을 일으키는 남편의 자질과 태도에 반응한다.

따스한 손길과 부드러운 말, 로맨스, 보호받고 있다는 느낌이 있어야 여성들은 자극을 받는다. 그녀와 음란물을 보거나 성적 내용에 대해 대화했을 때, 그녀가 흥분할 거라고 생각한다면 착각이다. 오히려 더 역겹게 만들 뿐이라는 사실을 깨달아야 한다. 좋아하기는커녕 오히려 짜증스럽게 하고 상처를 입힐 것이다. 거리감이 생길 것이다. 음란물은 건강한 것이 아니므로 아내와의 관계 형성에 도움이 되지 않는다. 음란물 장사꾼들과 사용자들이 퍼뜨리는 거짓말을 믿지 말라. 그들이 무슨 말을 하건, 아내는 관심을 보이지 않고 흥분하지도 않을 것이다. 그런 시도를 통해 관계를 더욱 악화시키지 않도록 하라. 아내와 음란물을 함께 본다고 해서, 당신의 죄가 가벼워지거나 그 행위를 계속하는 것이 정당화될 수 없다.

아내의 필요가 무엇인지 직접 물어보라. 아내에게 더 큰 안전감과, 사랑받고 지지받는다는 느낌을 줄 수 있는 방법은 무엇인가? 아내와의 관계를 더 풍성하게 할 방법은 무엇인가? 남자들이 생각하듯이 성적 자극이나 물리적인 물건들로는 안 된다. 정서적으로 다가가야 한다. 함께 교감하며 서로 질적으로 풍성한 시간을 보내야 한다. 친밀감을 느낄 수 있도록, 침실에서의 필요뿐 아니라 모든 삶에서 요구되는 필요들이 무엇인지 알아보라. 이런 노력들을 통해 이전보다 훨씬 더 튼튼한 관계를 쌓을 수 있다. 그리고 아내 역시 성적으로 충족감을 누릴 수 있다.

생각해보기

1. 여성들이 음란물을 보고 흥분을 느낀다고 믿고 있지는 않은가?
2. 물리적인 필요를 넘어, 아내에게 정서적으로 지적으로 무엇이 필요한지 알고 있는가?
3. 아내에게 어떤 이유로 어떤 거짓말을 강요하고자 애써왔는가?

49. 성경 읽기 _ 마태복음 6:20-23

새로운 거짓말

　음란물 제작자들은 매우 부지런하고 영리한 사람들이다. 남성을 겨냥한 음란물 시장이 엄청나게 팽창해왔지만, 그들은 여전히 새로운 시장을 개척하고 확장하기 위한 상품을 만드는 데 공을 들인다. 바로 여성을 겨냥한 것이다. 여성들이 전통적인 음란물로는 성적 자극을 받지 않는다는 관련 증거는 많다. 그러나 완전히 새로운 장르의 비디오, 책, 웹 사이트들이 여성들을 목표물로 정하고 개발되고 있다. 통계를 보면 여성의 50퍼센트 이상이 온라인 성인물을 본 적이 있다고 한다.

　여성의 정서적이고 관계 지향적인 성적 욕구를 겨냥한 이 새로운 음란물들은 낭만적인 언어와 영상들로 잘 포장되어 있다. 한 남자와 여자가 만나서 대화를 나누고, 근사한 식당을 가며, 공원을 산책하는 낭만적인 장면으로 전반부가 장식된 비디오들이 출시되었다. 집으로 갈 무렵 근사한 키스를 기대하며 그가 자신이 평생 기다려 온 왕자이며, 영혼의 배우자일지 궁금해하는 여자의 생각이 세세하게 전달된다. 점차 비디오는 분위기를 바꾸어 결국 전통적인 음란물에서 보는 장면과 아주 흡사하게 격렬한 성관계를 하는 장면이 본격적으로 등장한다. 다른 점이 있다면 관계가 끝난 후, 두 사람이 서로를 꼭 껴안고 앞으로 함께할 행복한 미래를 설계하는 장면이 추가될 수도 있다는 것이다.

　속지 말라. 예쁜 분홍색 리본으로 포장되어 있기는 하지만, 결국 전통적인 음란물과 다를 바가 전혀 없다. 불행하게도 사용자들이 증가 추세에 있고 더 많은 여성들이 그 덫에 걸려들고 있다. 당신의 아내가 이런 음란물을 읽거나 보기 시작했다고 해서, 당신이 면죄부를 받은 것은 아니다. 당신이 계속해서 음란물을 이용해도 된다는 뜻은 더더욱 아니다. 당신의 중독은 이미 하나님이 두 사람의 관계에 의도하신 것과 다른 방법으로 그녀가 욕구를 충족할 수 있는 빌미를 주었다.

이 산업의 마케팅 전략은 성공을 거두었다. 전체 여성들 중 15-20퍼센트 정도가 음란물 중독과 싸우고 있다고 한다. 스스로 중독에서 벗어나고, 모든 음란물들을 가정과 삶에서 완전히 몰아내라. 그렇게 했을 때, 당신의 가족을 목표로 한 이런 새로운 공격이 아무 힘을 발휘하지 못하는 안전한 환경을 만들 수 있을 것이다.

생각해보기

1. 아내가 음란물을 보고 있는가?
2. 아내와 당신, 두 사람이 모두 음란물을 이용하고 있다면, 두 사람의 관계는 어떤 영향을 받고 있는가?
3. 가정이 음란물이 전혀 없는, 무공해 지역이 되게 하려면 어떻게 해야 하는가?

50. 성경 읽기 _ 갈라디아서 6:1, 시편 119:133

음 란 물 은
성 교 재 가 아 니 다

　음란물 제작자들은 종종 음란물이 사람들에게 새로운 기법을 교육하는 수단이라고 광고한다. 또한 상대방을 만족시켜줄 능력을 갖추도록 실물 교육을 통해 특별한 성인용 장난감의 사용법을 가르쳐주는 것이라고 홍보할 때가 많다. 하지만 어떤 말로 포장하든 그것이 음란물이라는 사실은 변하지 않는다. 사실 그런 영상을 보는 행위는, 파멸을 초래하고 음란물 중독이 지속되도록 해준다는 부정적인 의미에서 교육적이라 할 수 있다. 그릇된 방법으로 사람들을 교육시켜주는 것이다.

　만족스러운 성이나 부부 관계를 위해서는 경험이 풍부한 치료사들이나, 건전하면서 적절한 수많은 서적들의 도움을 받는 것이 좋다. 기법적인 측면에서도 유익할 뿐 아니라, 사랑하며 서로에게 헌신하는 두 사람 사이의 성에 대한 쾌락이나 거룩함을 하나님이 어떻게 바라보시는지에 대해서도 더 깊은 이해를 얻을 수 있다. 다른 사람들이 나체로 도발적인 자세를 취하고 지저분한 성관계를 하는 장면을 보는 것은 교육적이지 않다. 그것은 거짓말이다.

　음란물의 또 다른 거짓말은 언제나 환상적인 절정의 성적 경험과 쾌감을 얻게 될 것이라는 말이다. 음란물은 서커스를 보는 것과 유사하다. 누구나 공중제비를 넘고 곡예를 하며 즐거움의 비명 소리를 질러대고 뛰어난 묘기로 갈채를 받는다. 이것은 거대한 사기다. 그러므로 당신이 꿈

꾸는 성적 환상보다 훨씬 더 뛰어난 기교를 배울 수 있다는 희망 속에서 '새로운 방법'에 대해 교육받고자 하는 시도는 실현되지 않는다. 낙심하게 되어 있다. 비현실적이고 건강하지 않은 기대들을 갖게 만든다. 당신에게 필요한 것은 건강한 교육과 기준과 정보이다. 이런 것들이 건강한 관계를 낳는다.

성행위에 영향을 미치는 요인들은 매우 다양하다. 우리는 호르몬과 주기의 영향을 받는 인간이다. 예를 들어, 여성 호르몬은 생리 주기 때 강렬한 성욕을 부추긴다. 여성의 몸이 반응하는 정도는 제각각이며 필요도 다를 수 있다. 또한 여성마다 다양한 감정을 경험한다. 남자들 역시 여성의 이러한 부분을 이해할 필요가 있다. 그러나 음란물에 중독되면 여자나 남자나 언제라도 성행위를 할 준비가 되어 있어야 한다는 생각을 갖게 된다. 음란물에서는 언제나 황홀한 시간을 가지며 매일매일이 멋진 날이다. 이성적인 판단으로는 이것이 비현실적임을 알고 있지만 중독으로 판단력이 흐려진다. 이런 기대들은 오염되고 왜곡된 음란물이 만든 비현실적인 기대들이다.

음란물의 황무지에서 심리적으로, 육체적으로, 지적으로, 영적으로 유익한 정보를 찾을 수 있다는 기대를 하지 말라. 절대 그런 정보는 없다. 더러운 잔에 든 물을 마시지 않듯이, 음란물에 오염된 물을 마시지 말라. 이 오염된 물이 몸에 좋거나 건강에 유익하다고 말하지 말라. 깨끗한 곳에서 흘러나오는 깨끗한 물을 마시라. 선하고 건전한 곳에서 정보를 얻으라.

생각해보기

1. 음란물이 교육적인 가치가 있다고 생각하는가?
2. 그렇다면 그것이 깨끗하고 맑으며 건강한 정보라고 믿게 된 이유는 무엇인가?
3. 성과 관련해 어디서, 누구에게로부터 건강한 정보를 얻고 있는가? 진실한 정보를 얻을 수 있는 곳은 어디인가?

51. 성경 읽기 _ 디모데전서 4:7-8

성 행 위 불 안 증

　이런 불안증은 자신에 대해 두려움이 지나칠 경우 생긴다. 이런 증상을 겪는 남자들은 침실에서 관계를 할 때 자신감이 없다. 누군가의 연인으로서 욕구를 충족시켜주기에 스스로 부적합하다고 믿는다. 하지만 그런 불안감이 잠자리로 끝나지 않는다. 가령, 자신의 성격에 대해 불안감을 느낄 수도 있고, 속내를 드러내고 감정을 표현하지 못한다는 사실로 인해서도 불안감을 느낀다. 대부분의 경우 이런 불안증을 가진 남자는 아내와 만족할 만한 수준에서 삶을 나누기가 어렵다. 아마 깊이 있는 대화를 나누려 하지 않거나 혹은 그런 대화를 나누는 게 너무 힘들어서 그럴 수 있다. 그리고 그런 대화가 힘든 건 어쩌면 음란물 중독으로 인한 죄책감 때문일 가능성도 있다.

　성행위 불안증은 매우 뿌리 깊은 문제로서, 불안감으로 시작되어 자신에 대한 무가치함을 느끼는 것으로 발전할 수 있다. 그리고 결국 아내와 정서적, 지적 그리고 육체적으로 관계를 나누는 능력에 영향을 미치게 된다. 때로 발기부전은 이런 성행위 불안증과 직접적인 관련이 있다.

　그러므로 그 거짓을 깨뜨리기 위해서는 스스로에게 이렇게 질문해보아야 한다. "왜 내가 성행위를 해야 하는가? 그녀에게 있는 그대로의 나를 증명할 이유는 무엇인가? 솔직하게 내 모습을 드러내고 있는가? 아니면 거짓된 행동을 하고 있는가? 나 자신을 과대포장해서 아내나 다른 사람들에게 드러내지는 않는가? 두 개의 다른 자아를 갖고 살고 있지는 않는가?"

　시간이 흐르면 불안증은 점점 더 심각해진다. 중독과 마찬가지로 불안감은 점점 더 증폭된다. 여기서 벗어나는 방법은 몇 가지 쉽지 않은 질문을 자신에게 하는 것이다. "무엇이 현실인가? 나는 누구인가?" 자기를 점검할 때 당신은 하나님의 형상으로 만들어진 존재이므로, 성적인 수단을 통해 자신을 입증할 필요가 없다는 사실을 기억하라. 자연스럽고 친근한 방법으로 배우자를 기쁘게 해주어야 한다. 다시 말하지만 자신의 능력을 음란물에서 본 남자들의 모습과 비교하지 말라. 그건 현실이 아니다. 그것은 눈요기용으로 연출된 것이다.

　아이러니한 사실은, 음란물에서 볼 수 있는 성적 불안감은 모두 눈속임이라는 것이다. 배우들은 감독들이 원하는 대로 연기하기 때문에 실제로는 불안감을 느끼지 않는다. 그들은 비디오 영상들을 정교하게 조작해서 모든 사람들이 아름다워 보이게 만들고, 왕성한 성욕의 소유자로 만들 수 있다. 언제든지 상대방의 욕구를 훌륭하게 만족시켜주는 장면을 연출한다. 그러나 거짓은 거짓일 뿐이다. 영상 속의 배우들이 보여주는 모습은 사실이 아니다. 음란물 속의 배우들의 행위는 일반 사람들이 경험하는 자연스러운 수준을 넘어선다. 그들은 황홀하게 보이기 위해 카메라, 분장 그밖의 편집 기술 등의 영화적인 모든 기법들을 동원한다. 음란물에서는 모두가 근사하게 보인다. 언제나 훌륭한 능력을 보여준다. 이런 환상들에서 속지 말라!

　자신이 로봇이 아니라 느끼고 웃고 교류하는 실제 인간이라는 사실을 인정하고 받아들이라. 때로 배우자와의 성관계가 참으로 흡족할 때도 있고 때로 불만족스러울 때도 있다. 침실 밖의 일상생활에서 두 사람의 관계가 확고하고 건강하다면, 성관계로 인해 사랑과 애정이 식지는 않을 것이다. 성적 불안감이 생기는 횟수가 지나칠 정도로 늘어나고 있다면 전문의를 찾아 상담해보라. 그 문제의 원인이 되는 생리적인 문제가 있을 수 있다.

생각해보기

1. 당신에게 성행위 불안증이 생긴 이유는 무엇인가? 그 불안증은 어떤 모습으로 드러나고 있는가?
2. 자신이나 아내에게 자신의 존재를 증명하는 게 왜 그렇게 중요한가? 무엇을 증명하고자 하는 것인가?
3. 스스로 최고여야 한다는 강박증에 시달리지 않도록 정직하게 자신을 드러내기 위해 실제적으로 할 수 있는 일은 무엇인가?

52. 성경 읽기 _ 빌립보서 4:6-7

상처받은 적이 있는가?

누군가로부터 상처를 받은 적이 있는가? 이것은 아주 중요한 질문이다. 종종 음란물에 중독된 남자들은 학대당한 전력이 있다. 누군가에게 성적으로 학대받거나 왜곡된 행위에 노출됨으로써, 이런 상처가 결국 음란물 중독으로 이어졌다. 아니면 남자로서 자신감이 매우 약하고 열등감에 시달리다가 음란물을 도피처로 삼았을 가능성도 있다. 어렸을 때 자신의 성기가 정상이 아니라는 말을 들었을지도 모른다. 쓸모없는 인간이라는 말을 들었거나, 자신의 감정이 있는 그대로 인정받지 못해 자신이 비정상적이라는 생각에 시달렸을 수도 있다. 아니면 원하는 기대 수준에 전혀 도달하지 못한다는 말에 상처를 받았을 수도 있다.

오래되고 깊은 상처가 마음에 도사리고 있다. 음란물을 도피처로 삼는다. 그 상처의 노예가 되는 것이다. 음란물은 원하는 여성과 얼마든지 성적 환상을 펼칠 수 있도록 해준다(비록 찰나이기는 하지만). 당신을 너무나 원하고 오직 당신에게만 매달리는 여성이 있다고 상상할 수 있다. 하지만 상처의 진통제로 음란물을 사용한다고 해서 그 상처가 완전히 치유되는 법은 절대 없다.

자기 최면을 위해 음란물에 의존하는 이유는 무엇인가? 쉽게 이용할 수 있기 때문이다. 인터넷을 열면 언제든지 접할 수 있다. 친구의 음란잡지를 빌려볼 수 있고, 업무차 출장을 갔더라도 모텔 방에서 비디오를 볼 수 있다. 음란물은 자신의 상처가 조금은 치유됐다는 기분을 들게 해줄 수 있다. 심지어 완전히 치유됐다는 생각이 들게 해주거나, 아니면 최소한 그 상처에 대한 생각에서 벗어나도록 해줄 수 있다. 잠시나마 상처가 다 나은 것처럼 육체적, 정신적, 영적으로 그 영향력에서 해방된 느낌을 경험할 수 있다. 그러나 음란물에 몰두해 그 일을 망각하는 시간이 얼마나 되든, 그 상처는 그대로 있다. 전혀 사라지지 않았다. 그리고 앞으로도 계속 곪아갈 것이다. 그 상처를 더러운 곳에 노출시켰기 때문에 오히려 이전보다 훨씬 더 심각하게 곪고 쉽게 감염될 수도 있다. 그러면 헤어나오기 힘든 악순환에 빠지게 된다.

마음에 상처가 있으면 감염되기도 쉽다. 상처 입은 영혼은 쉽게 올무에 걸린다.

생각해보기

1. 당신에게는 어떤 상처가 있는가? 이런 상처들의 원인은 무엇인가?
2. 음란물에 중독되면 이런 상처들이 계속 낫지 않고 곪는 이유는 무엇인가?
3. 그 상처들을 완전히 치유하고, 기억에서 몰아내며, 나아가 약점이 아닌 강점으로 변화시키기 위해 어떤 노력이 필요한가?

53. 성경 읽기 _ 시편 31:9-10

욕망의 본거지

'본거지(Stronghold)'는 신학적 용어로서, 우리를 구속하고 강력한 영향력을 미치는 것을 가리킨다. 어둠의 세력이나 우리를 지배하고 구속하는 것을 가리켜 사용할 수도 있다.

음란물에 이 용어를 적용하면 당신을 억누르고 중독으로 끌고가는 것이라 할 수 있다. 간단히 말해 욕망의 본거지는 강렬한 욕정을 말한다. 어떤 수단을 통해서든 욕구나 욕망, 쾌락을 충족시키는 게 중요하다. 이런 것들은 당신을 중독으로 끌고가는 강력한 힘을 행사하며 끊임없이 컴퓨터나 텔레비전, 잡지를 탐닉하도록 만든다.

욕망의 본거지는 죄이다. 울타리를 단단하게 휘감고 있는 넝쿨처럼 당신의 인생에 뒤엉켜 있는 죄악이다. 이제 울타리는 더 이상 보이지 않고 넝쿨만 날마다 무서운 기세로 자라가고 있다. 이런 욕망의 본거지에 지배를 당하면 더 이상 합리적인 생각을 할 수 없다. "다른 일도 할 수 있지만, 인터넷에서 그것을 보겠다. 더 건강하고 생산적인 일을 할 수도 있지만, 음란물을 실컷 보겠다."

욕망의 본거지는 당신의 인생을 지배하고 장악한다. 올바른 생각을 하지 못하도록 막아 그 일에서 빠져나오지 못하게 만든다. 자신의 상식에 어긋나고, 수치스러우며, 위험한 일에 빠질 수 있음을 알지만 멈추지 않는다. 당신의 마음과 의식을 지배하며 "내가 먼저다. 내 몫을 원한다. 내 길로 가겠다"라고 끊임없이 주입시킨다.

생각해보기

1. 그 욕망의 본거지가 얼마나 심각하게 당신을 지배하고 있는가?
2. 그 욕망의 본거지는 어떤 모습을 하고 있는가? 설명할 수 있는가?
3. 그 욕망의 본거지에 지배당한 지 얼마나 되었는가? 자신의 인생에서 어떤 부분이 그것에 지배당하고 있는가? 건강한 인생을 살지 못하도록 **빼앗긴** 것들이 있다면 무엇인가?

54. 성경 읽기 _ 예레미야 51:53

어 느 정 도 까 지
중 독 되 었 는 가 ?

　모든 중독이 다 마찬가지겠지만 음란물 중독의 한 가지 염려스러운 점은 그것이 점진적이라는 것이다. 음란물을 처음 접한 시기가 언제였던 간에 처음 자극을 주던 것들이 이제는 더 이상 흥분을 일으키지 않는다. 그러나 중독의 본성뿐 아니라 인간 본성 역시 스스로 만족할 수 있는 수준의 쾌락을 탐한다. 그러므로 알코올이나 다른 중독 물질처럼 동일한 효과를 얻기 위해서는 점점 더 많은 자극이 필요하다.
　처음에는 이성 간의 접촉을 묘사한 단순한 사진들만 보아도 만족했지만 이제는 더 자극적인 영상을 보아야 한다. 아마 이제 자위행위나 어린이 섹스, 심지어 난교를 즐기는 영상이나 동영상을 보아야 만족하는 수준으로 중독이 진행되었을 수도 있다. 어디까지 가야 만족하고 멈추는가? 간단히 대답하자면 끝이 없다. 나는 스스로가 정한 선악의 기준을 어긴 데서 끝나지 않고, 점점 더 수위가 높아지는 자신의 욕구를 만족시키기 위해 법을 어길 정도로 한계를 넘어선 수많은 사람들과 상담했다. 그들은 점점 더 깊은 타락과 죄악의 수렁으로 들어가, 음란물로 인한 악에서 헤어나올 수 없을 정도로 그 세계에 깊이 발을 들여놓았다.
　자신의 중독 상태가 심각하다는 사실을 깨닫는 순간이 온다. 그러나 중독된 상태가 너무나 심각하기 때문에 들키지 않고 비밀을 지켜야 할 필요가 더욱 절박해진다. 발각될 경우, 대가가 더욱 커진다. "아내나 가족 혹은 동료들이 알면 무엇이라 생각할까?" 넘지 말아야 할 선을 넘어 법을 어기기까지 했다면 다음과 같은 걱정을 하고 있을지도 모른다. "법까지 어긴 지금 무슨 일이 일어날지 두렵다. 감옥에 가지는 않을까? 중형을 선고받고 시민으로서 권리를 잃게 되지는 않을까? 가족을 잃지는 않을까?"

불행하게도 중독에 깊이 빠지면 어떤 대가를 치르더라도 그 쾌락을 포기할 수 없을 것 같다. 점점 더 깊은 곳으로 끌려들어간다. 마치 칼이 영혼을 관통하고 한 인간의 정수를 관통한 것과 같다. 여기서 귀담아 들어야 할 점은 이것이 단지 영적 죽음으로 끝나지 않는다는 것이다. 정서적 죽음을 초래할 수 있다. 극단적인 경우, 육체적인 죽음으로 이어지기도 한다. 이런 상황에 도달하기 전에 중독에서 벗어나야 한다.

생각해보기

1. 음란물에 대한 중독이 어느 정도까지 진행되었는지 정직하게 이야기해보라.
2. 이제 음란물을 볼 때 흥분하려면 어느 정도 수위여야 되는가?
3. 어떻게 해야 중독에서 벗어날 수 있겠는가?

55. 성경 읽기 _ 로마서 1:28-32

4장

중독 극복하기

당신의 영혼을 파괴하는 치명적 중독

래리(Larry)는 이제 자유롭다. 20년 동안 아내 클레어(Claire)에게 철저히 비밀로 부쳐왔던 무거운 짐에서 자유함을 얻었다. 더 이상 다른 곳에 돈과 시간을 쓰느라 거짓말을 할 필요가 없다. 가장 중요한 건 더 이상 음란물에 대한 '욕구'로 자신을 속일 필요가 없어졌다는 점이다. 2년 전이었다. 래리는 가족과 직장을 잃기 직전 내 상담실을 방문했다. 회사에서 직원들의 인터넷 사이트 접속 실태에 대한 감사가 벌어져, 그가 은밀히 즐기던 오락거리가 적발된 직후였다. 사장은 래리가 음란물 사이트에서 하루 4시간을 보낸다는 사실을 알았기 때문에 그를 해고해도 아무 문제될 것이 없었다. 하지만 그는 래리에게 한 번 더 기회를 주었다. 그의 컴퓨터에는 음란물 접근 차단 프로그램이 설치되었고 래리는 상담을 받도록 권고받았다.

쉽지 않았지만 래리는 클레어에게 자신의 중독 사실을 털어놓았다. 그 후 얼마 동안 그 문제로 두 사람 사이는 매우 냉랭했다. 이제 클레어는 래리를 용서하고 새롭게 관계를 회복하기 위해 노력하고 있다. 서로를 책임져줄 사람들과 만남을 갖고, 매주 우리 상담실에서 치료 상담을 받으면서 자신의 마음과 생각을 음란물 중독에서 지키는 법을 배워가고 있다. 개인적인 생활뿐 아니라 직장 생활도 긍정적인 방향으로 나아지고 있다. 래리는 20여 년 만에 가장 행복한 나날을 보내고 있다.

첫 단계

　중독을 벗어나는 첫번째 단계는 솔직해지는 것이다. 당신에게 문제가 있고 그 문제에 당신의 인생이 짓눌리고 있다. 그리고 그 문제가 당신뿐 아니라 다른 가족들에게까지 상처를 주고 있다. 해결의 첫걸음은 자신에게 진실해지고, 자신이 중독되어 있음을 인정하는 데서 시작한다.

　알코올 중독자 회복 모임에 가면 참석자들에게 손을 들고 "내 이름은 존입니다. 나는 알코올 중독자입니다"라고 말하도록 한다. 아마 음란물 중독 역시 동일한 단계가 적용될 것이다. 한번 시도해보라. "내 이름은 _____이고, 나는 음란물에 중독되어 있습니다." 증인으로 치료사나 목회자 혹은 아내나 친구가 동석한 가운데 여러 사람들 앞에서 이런 고백을 할 수도 있다. 부득이 혼자일 경우, 하나님을 증인으로 모실 수도 있다.

　중요한 것은 그렇게 첫걸음을 떼어놓았다는 것이다. 용기가 필요할 것이다. 하지만 당신의 인생이 어떻게 바뀔지 한번 생각해보라. 여러 사람들이 함께 기도해줄 것이고, 나도 당신을 위해 기꺼이 기도할 의향이 있다.

생각해보기

1. 이 첫걸음을 기꺼이 떼어놓을 준비가 되어 있는가?
2. 이렇게 발걸음을 내디딜 때 좋은 점은 무엇인가?
3. 누구에게 가장 먼저 이 사실을 고백하고 털어놓을 것인가?

56. 성경 읽기 _ 사도행전 3:19

처음 중독을 밝힐 때나 앞으로의 과정에 따를 위험

당신이 누군가에게 음란물에 중독된 사실을 밝힐 경우, 위험이 뒤따를 수 있다. 거절의 위험을 무릅써야 하거나 누군가가 이 사실을 사람들에게 퍼뜨릴 위험이 있다. 중독되어 애착을 가졌던 바로 그것을 상실하는 고통의 위험을 무릅써야 할지도 모른다. 그러나 그 모든 것은 장기적으로 보면 이득이다. 중독에서 벗어나기 위한 첫걸음을 내디딜 때 감수해야 할 위험을 다 합친다 해도, 중독에 계속 빠져 있을 때의 위험이 더 심각하기 때문이다.

중독 사실을 털어놓을 사람을 매우 신중하게 골라야 한다. 적절한 시간과 장소를 선택해야 한다. 그리고 먼저 자신의 생각을 적어보는 것도 좋은 방법이다. 비밀을 털어놓아도 안전하다는 믿음이 가는 사람을 찾아보라. 그런 죄를 짓고 있었음에도 불구하고 변함없는 사랑을 보여줄 사람을 찾으라. 사람은 누구나 죄를 짓는다는 것을 기억하라.

그런 첫걸음을 내딛는 것은 본인뿐 아니라 다른 사람들까지 파괴할 수 있는 거짓된 삶을 지속하는 것보다 훨씬 가치 있는 일이다. 두려워하지 말고 지금 그 첫걸음을 내디디라.

생각해보기

1. 처음 중독 사실을 밝힐 때 어떤 위험이 뒤따를 수 있는가? 내가 두려워하는 것은 무엇인가?
2. 어떻게 하면 그런 위험에 대한 두려움을 극복하고 용기를 낼 수 있는가?
3. 음란물 중독을 계속 끌고가기 위해, 그런 위험들을 핑계거리로 삼고 있지는 않는가? 그 핑계거리는 무엇인가?

57. 성경 읽기 _ 야고보서 1:5, 야고보서 4:17

둔감(D) - 용인(A) - 왜곡(D)

둔감(Desensitization). 시간이 흐르면 음란물에 중독된 사람들은 비정상적인 것을 정상적인 것으로 생각하기 시작한다. 인체의 여러 부위의 크기나 성행위에 대한 기대감, 체위나 빈도에 대한 생각이 왜곡된다. 음란물과 중독의 실체에 대해 둔감해지고 무감각해진다. 이러한 사람은 다음 단계로 들어서게 된다.

용인(Acceptance). "그렇게 해도 괜찮다고 생각해. 신경 안 써. 자연스러운 거야. 부도덕한 게 아니라구. 난 내 행동이 이상하다고 생각하지 않아. 오히려 긍정적으로 생각해." 한때 자신의 품위를 손상시키는 일이었고, 일상적으로 경험한 적이 거의 없던 일이 이제 자연스러워졌고, 생활의 일부가 되었다. 이 정도로 발전하면 다음 단계로 넘어간다.

왜곡(Distortion). 이 단계에서는 현실에 대한 인식과 관련해 실제적인 생각과 뇌의 심리적 기능에 변화가 일어난다. 비합리적인 것이 합리적인 것으로 바뀐다. 비논리적인 것을 논리적으로 받아들인다. 비현실적인 것을 현실적이라고 생각한다. 뇌의 화학 작용에 문제가 생긴 것이다.

알코올 중독도 동일한 과정으로 진행된다. 알코올 중독자 역시 동일한 과정을 통과하는 것이다. 일단 알코올에 대한 자신의 욕구에 대해 의식이 둔감해진다. "더 마셔도 괜찮아. 전혀 해로울 게 없어. 내가 술을 마시는 건 잘못된 일이 아니야. 별일 아니라구. 얼마든지 감당할 수 있어. 그리고 무엇보다 내가 원하잖아"라고 말한다. 이런 식의 알코올 섭취와 태도는 뇌의 화학 작용을 실제로 왜곡시킨다. 술을 마셔야 하고, 마실 자격이 있으며, 필요하고 의지할 대상이 된다고 생각한다.

음란물 중독과 알코올 중독은 중독 과정에서 동일한 유형의 단계를 통과하기 때문에 매우 유사하다. 불행하게도 중독은 종종 또 다른 중독으로 이어진다는 사실 역시 유의해야 할 필요가 있다.

생각해보기

1. 당신은 어느 단계에 있고 어느 정도까지 진척되었는가? 중독 성향이 있는가? 음란물 외에 다른 중독은 없는가?
2. 도덕적 기준과 사고와 관련해 타협한 부분은 어떤 것들인가? 신념을 저버린 적이 있는가?
3. 하나님을 영화롭게 할 명확하고 경건한 생각과, 건전하고 올바른 태도를 회복하기 위해 무엇을 해야 하는가?

58. 성경 읽기 _ 에베소서 4:19

진실한 회개

회개란 단순히 "미안하다"는 말로 끝나는 게 아니다. 행동을 바꾸겠다고 말하는 것이다. 자신과 주님, 아내에게 죄를 고백하고 행동을 바꾸어야 한다. 이 일은 인간의 힘으로는 실천할 수 없다. 주님의 능력을 통해서만 가능하다.

참되고 진실한 회개는 애통하는 것이다. 부르짖는 것이다. 진정으로 슬퍼하는 것이다. 성경을 보면 다윗은 회개의 표시로 재를 뒤집어쓰고 먼지에 드러누웠다고 한다. 당신은 교만한 자아를 진정으로 내려놓고 회개할 마음이 있는가? 내적 자아가 먼지 속에 엎드리며 "죄를 지었나이다. 주님이 원치 않는 것을 행했나이다. 선하고 순결한 마음으로 행동하지 않았나이다"라고 고백하고 있는가?

우리가 회개하면 하나님은 언제든지 용서해주신다. 아내들도 남편을 용서하고 관계를 회복시키고자 노력할 것이다. 그러나 당신의 행동이 변해야 한다. 선택이 달라져야 한다. 이 모든 것은 회개하는 마음으로 하나님께 참된 도움을 구할 때 일어난다.

생각해보기

1. 진정으로 회개하고 있는가?
2. 참된 회개는 어떤 모습인가?

3. 진정으로 회개한 후에 용서받았음을 믿는가? 이제 깨끗한 마음으로 나아갈 수 있음을 믿는가?

59. 성경 읽기 _ 고린도후서 7:9, 로마서 3:23

중독의 특성

음란물 중독을 극복하고자 시도하다가 또 다른 중독에 빠지지 않도록 조심해야 한다. "인터넷이나 비디오 혹은 채팅방으로 더 이상 도피할 수 없기 때문에 공허감을 채워줄 다른 무언가가 필요하다." 이런 사람들은 어쩌면 술이나 마약을 입에 대기 시작할지 모른다. 아니면 흡연량이 크게 늘어날 수도 있고, 쇼핑에 빠져 충동적으로 물건들을 구매할지도 모른다.

중독 성향이 높은 사람들은 항상 대체할 만한 다른 중독 물질을 찾으려고 시도하는 경향을 보인다. 음란물을 포기하면 다른 것을 기웃거린다. "이제 다른 데서 그런 쾌감과 활력을 찾아야 하니 스트레스와 죄책감의 원인이 달라지겠군." 그리고 그 새로운 중독은 다시 자라나서 당신을 다른 중독으로 몰고간다. 한 가지 중독을 극복한다 해도, 주의하지 않으면 또 다른 중독이 당신의 인생을 지배하려고 노린다. 그러므로 치료사나 격려 그룹의 도움을 받고 있다면, 단순히 피상적인 현상이 아닌 근본 원인을 다루는 방법으로 중독 문제에 접근해야 한다.

생각해보기

1. 음란물 중독을 피하기 위해 다른 것들을 사용하는 빈도가 늘고, 이로 인해 또 다른 중독에 빠지고 있지는 않는가?

2. 중독적 성향이 있는가? (그리고 그 사실을 스스로 자각하지 못하지는 않는가?)

3. 이미 또 다른 중독에 빠지지는 않았는가?

4. 자신이 중독에 빠지는 근본 원인이나 실제적인 이유들을 어떻게 다루고 있는가? 결과만이 아닌 원인을 분석하고 있는가?

60. 성경 읽기 _ 마태복음 12:43-45

이미지가 아닌 실제 인간들

회복 과정에서 음란물과 음란물 중독에 관해 다룰 때, 비디오나 컴퓨터 화면에 등장하는 사람들이 진짜 사람들이라는 것을 깨닫고 종종 처음 알았다는 듯 놀라는 사람들이 있다. 그들은 이름과 성이 있고, 부모님이 있으며, 가족들이 있다. 또한 성탄절을 즐기며 식료품점에서 먹을거리를 구입한다. 우리와 똑같이 살아가는 인간인 것이다. 하지만 음란물 산업은 이윤을 챙기기에 혈안이 되어 그들에게 돈을 주고 연기를 시킨다. 그러므로 당신이 보고 있는 선정적인 장면이 담긴 상품을 만들기 위해 이들은 자신들의 참된 정체성을 버려야 한다.

당신이 보고 있는 것은 자신의 환상이다. 스스로 보고 싶고 실제라고 믿고 싶은 것을 보는 것이다. 중독을 극복하기 위해서는 그 사실을 깨닫고 자신의 행위에 책임을 져야 한다. 사람들을 착취하고 이용하는 음란물 산업에 돈과 시간을 투자해 그들을 배불리고 있음을 알아야 한다. 육체미가 뛰어난 그 배우들도 이 역할을 맡기 위해 지원한 수천 명 중에서 뽑힌 사람들이다. 그들은 평범한 사람들이 아니다. 일반인들보다 육체적으로 더 뛰어나다는 이유로 선정된 사람들이다. 그러므로 자신이나 아내의 몸매를 영상 속의 그들과 비교해서는 안 된다. 사람들이 모두 성관계를 할 때 그렇게 신음 소리를 내거나, 모든 만남이 그렇게 게임같다고 생각하지 말라. 그들은 돈을 받고 그런 연기를 하도록 고용된 배우들임을 기억하라. 그리고 잡지에 실린 사진이나 영상들 역시 컴퓨터 그래픽 처리가 되어 있을 가능성이 매우 높다. 또한 당신이 보고 있는 시나리오는 실제 생활 속에서는 보기 어려운 것들이다.

그러나 그 배우들 역시 하나님의 피조물이고, 하나님이 사랑하시는 사람들이며, 예수님이 그들을 대신해 죽으셨다. 주님은 당신을 사랑하시듯 그들을 사랑하신다. 당신은 그들뿐 아니라 당신 자신을 착취한 책임이 있다. 오늘 당신에게 주어진 시간과 돈을 허비하고, 하나님이 창조하신 다른 피조물을 착취하며, 자신의 신앙을 타협하는 일을 그만두겠다고 결단하기를 바란다. 실제 세계로 돌아와서 자신을 비롯해 하나님이 지으신 모든 피조물을 올바로 인정하고, 존중하는 법을 배우라.

생각해보기

1. 음란물에 등장하는 사람들이 희노애락을 가진 한 인격체이며, 누군가의 가족이나 자식이라는 생각을 해본 적이 있는가?
2. 양심이 둔해져서 그들을 실제 인간이라고 생각하지 못하는 지경은 아닌가?
3. 당신이 중독에 빠짐으로써 자신뿐 아니라, 그들도 착취하고 있다는 생각을 해본 적이 있는가?

61. 성경 읽기 _ 마태복음 7:12, 누가복음 6:31

영적 진단표 작성하기

이것은 자신과 자신의 생활을 평가하는 작업이다. 자기 진단표를 작성하려면 현재 자신의 상태와 앞으로 자신이 원하는 직장, 관계, 재정, 건강, 사회 생활, 신앙 생활 등의 모습을 적어보아야 한다.

개인 생활, 직장 생활, 신앙 생활을 점검하는 데 도움을 줄 수 있는 다양한 자기 평가 진단표가 있다(이 작업은 보통 치료사나 직장의 인적 자원부에서 쓰인다). 이것은 말 그대로 종이에 자신의 생활을 기록해보는 것이다. '나의 현재 모습'에 대한 질문으로는 다음과 같은 내용들이 포함될 수 있다. "지금 내 생활은 어떤 모습인가?", "나는 시간을 어떻게 사용하고 있는가?", "관심을 가장 많이 쏟는 곳은 어디인가?", "나의 우선순위는 무엇인가?", "중요하게 생각하는 건 무엇인가?", "중요하지 않은 것은 무엇인가?", "갈등을 해결하는 방법은 무엇인가?", "내가 좋아하는 것은 무엇인가?", "내가 좋아하지 않는 것은 무엇인가?", "내 목표는 무엇인가?", "음란물 중독이 어떤 면에서 내 목표를 이루는 데 방해가 되는가?"

진단 작업은 생각하고 글로 써보는 훈련으로서, 완성하기까지 몇 개월이 걸릴 수도 있다. 깊이 고민하고 생각해보며 다시 읽은 다음, 그 내용을 다시 생각해보아야 하는 과정이다. 시간이 흐르면 자신에 대해 말하고 싶은 내용을 드러내기 위해 내용을 추가하거나 뺄 수도 있을 것이다. 금방 끝날 작업은 아니지만, 결과적으로 얻게 될 깨달음은 시간과 노력을 들일 가치가 있다.

생각해보기

1. 진단표 작성을 언제 시작할 것인가?
2. 진단표의 항목 중 현재 다루고 싶은 것은 무엇인가?
3. 각 항목에 대해 자세한 내용을 작성해보라.

62. 성경 읽기 _ 마태복음 12:36

누군가에게 비밀 털어놓기

알코올 중독자 회복 모임에서 강조하는 말이 있다. "꽁꽁 숨기고 감춘 만큼 병들어 있다." 정말 옳은 말이다. 음란물 중독은 누구에게도 내놓지 못하는 큰 비밀이다. 대부분 가족들과 교인들, 동료 직원들, 세상 그 누구에게도 털어놓지 못하고 혼자만의 비밀로 감추고 살아간다. 중독 사실은 자랑스러운 일이 아니다. 그래서 음란 잡지를 숨긴다. 어떤 사이트를 방문하는지 아무도 모르도록 비밀 번호를 사용한다. 수년 동안 비밀로 지켜왔다. 하지만 이제 당신의 비밀을 누군가에게 털어놓을 때가 되었다.

인간, 특히 남자들은 말로 표현하는 게 곧 공개하는 것이다. 죄는 어둠 속에서 빠져나오게 되면 그 힘을 잃는다. 또한 자유를 얻도록 도와준다. 다른 사람에게, 배우자나 목회자 혹은 상담사에게, 아니면 신뢰하는 사람에게 비밀을 털어놓는 훈련을 하면 중독 사실을 정직하게 고백할 수 있다.

"나에게 한 가지 문제가 있는데 겁이 나. 이제 솔직해지고 싶어. 이 문제가 해결되지 않으면 파멸하고 말 거야." 그 비밀로 인해 당신이 완전히 파멸하기까지 수년이 걸릴 수도 있다. 그러나 그 비밀을 밝히는 일을 미루면 미룰수록, 그것은 더 심각한 힘과 파괴력을 지니게 된다. 숨기면 숨길수록 당신의 모든 생활에 속속히 스며들고 지배한다.

누군가에게 비밀을 털어놓는 일은 위험이 따른다. 그 사람이 당신을 배신하고 소문을 퍼뜨리면 어떻게 되겠는가? 믿을 수 없는 사람이라는 게 판명되면 어떡하겠는가? 위험한 일이 아닐 수 없다. 그러나 그 비밀을 털어놓는 일은 그런 위험을 무릅쓸 가치가 있다고 믿는다. 유일한 다른 대안은 비밀을 그대로 감추는 것이고, 그 결과는 오직 자기 파멸밖에 없기 때문이다. 분별력을 가지고 진정으로 믿을 수 있는 사람을 골라 비밀을 털어놓아야 한다. 어쩌면 비밀 엄수를 하지 않을 경우, 고객 정보 보호법으로 처벌받는 전문가를 선택해야 할지도 모른다. 그럼에도 불구하고 더 이상 주저하지 말고 누군가에게 그 비밀을 고백하라. 가능한 한 빨리 이 일을 하기 바란다.

생각해보기

1. 얼마나 깊이 그 비밀을 감추고 있는가?
2. 누구에게 그 비밀을 털어놓을 것인가? 그리고 그 시기는 언제인가?
3. 있는 그대로 솔직하겠는가? 아니면 절반만 털어놓을 것인가?

63. 성경 읽기 _ 야고보서 5:16

음란물에 중독된 원인

사람들이 음란물에 중독되는 이유는 단순하지 않다. 생각하는 것처럼 항상 명확하게 원인이 드러나지 않는다. 음란물을 의지하게 되는 이유는 수없이 많다. 스트레스나 외로움이 원인일 수도 있고, 성적으로 적절하게 자신을 표현하지 못한 좌절감이 원인일 수도 있다. 혹은 직장 문제나 사람들과의 관계에서 생긴 갈등 때문에 우울해서 음란물을 찾았을 수도 있다. 어쩌면 힘들게 일한 자신에 대한 보상이라고 생각하고 음란물을 이용해도 된다고 생각했을지 모른다.

당신이 음란물에 끌리는 이유는 무엇인가? 어떤 이들은 습관적으로 음란물을 찾는다. 일종의 생활 방식이 된 것이다. 어떻게 매일의 일과처럼 음란물을 이용하게 되었는지 본인도 모르는 사람들이 있다. 호텔에 혼자 있다가 음란물을 접할 기회와 시간이 생겨 성적 환상을 이루고자 한 게 시초였을 수도 있다. 혹은 이웃집이 초고속 인터넷에 가입하면서 '무료' 무선 인터넷으로 음란물 사이트에 연결될 수 있다는 것을 알게 되었을지 모른다. 이런 일에 자신이 빠질 거라고 생각지도 못했을지 모른다. 얼마나 안일한 생각인가!

음란물 중독에 점점 더 깊이 빠지는 원인은 무엇인가? 그 원인을 자각하고 중단시키는 것이 건강에 이르는 길이다. "이것 때문에 음란물을 이용하게 되는구나. 그러면 이걸 대체할 수 있는 게 무엇인가?"라고 분명하게 파악하는 능력을 갖추어야 회복할 수 있다.

스트레스가 주원인이라면, 음란물 대신 운동으로 스트레스를 해소하는 건 어떤가? 염려 때문이라면 음란물이라는 가짜 해결책보다는, 걱정의 원인을 신뢰할 수 있는 사람에게 털어놓는 것이 좋지 않겠는가? 음란물 대신 이용할 수 있는 방법들은 수없이 많다. 음란물에 빠지는 원인이나 이유들을 확인하고, 건강한 방법으로 극복할 수 있는 법을 배우기 위해 전문가의 조언을 구하는 것도 현명한 방법이다.

생각해보기

1. 당신이 음란물에 빠지는 이유는 무엇인가? 적어보라.
2. 음란물을 사용해 잘못된 방법으로 스트레스를 해소하고자 하는 어리석음을 범할 때가 얼마나 자주 있는가?
3. 음란물에 중독되는 각 이유들을 대체할 만한 다른 건강한 선택들이 있다면 어떤 것들이 있는가?
4. 유혹을 받을 때 책임감을 갖고 함께해줄 친구가 있는가?

64. 성경 읽기 _ 고린도전서 6:18, 마태복음 5:28-29

말이 아닌 행동으로 하라

계획을 말로만 장황하게 떠드는 사람들이 많다. 체중을 조절하겠다거나 돈을 저축하겠다는 결심을 밝힌다. 아니면 학위를 더 이수하거나 승진을 위해 노력하겠다고 말한다. 아내와 근사한 데이트를 하고 사람들에게 더 친절해지기로 했다고 말한다.

이제 말은 그만, 행동을 하자. 음란물에 중독되었을 때 "주님, 저를 용서해주십시오"라고 기도하거나, "아내에게 다시는 음란물을 보지 않겠다고 약속하는 게 신물이 납니다"라고 말할 수밖에 없을 때가 온다. 누구나 말은 쉽게 할 수 있다. 행동은 행동으로 교정해야 한다. 다시 말해 위험을 무릅써야 한다는 뜻이다. 앉아만 있지 말고 행동해야 한다는 뜻이다. 확실하게 실천해야 한다. 치료 모임에 참석하거나 상담가와 약속 시간을 잡아야 한다. 그리스도 안의 형제에게 문제를 털어놓고 지지받는 관계를 만들어야 한다. 집에서 그 쓰레기들을 없애야 한다. 컴퓨터의 사이트들을 지우고 보안 필터를 설치해야 한다. 구체적인 계획을 세워야 한다. 아내가 인정할 수 있도록 구체적인 실천을 해야 한다.

지난해 혹은 지난 16년 동안 미안하다는 말만 반복해왔다는 건, 실제로 행동하지 않았다는 뜻이다. 앞으로 어떻게 할 계획인가? 어떻게 계획을 끝까지 실천할 것인가?

실천과 관련해 중요한 다른 하나는 지속적이어야 한다는 것이다. 어떤 계획을 세웠건 꾸준히 해야 하고 장기적으로 실천해야 한다. 중독을 이길 힘을 기르고 더 건강해지고 싶다면, 1년에 한 번 기분이 내킬 때 20분 정도 실천하는 정도로는 어림없다. 철저한 계획과 실천이 있어야 한다. 현실적이고 기대감을 갖게 해줄 구체적인 계획을 세우라. 그리고 철저히 실천하라.

반드시 성공할 수 있다. 쉽지는 않을 것이다. 때로 계획대로 밀고 나가기가 싫어질 때도 있을 것이다. '내게는 중독에 빠질 이유가 있다'고 스스로를 합리화하고 싶은 강렬한 유혹에 흔들릴 수도 있다. 하지만 안 된다. 일단 이 중독에서 벗어나기로 결심했다면 끝까지 실천해야 한다. 결과를 보면 그런 노력을 할 가치가 있다. 아내와 훨씬 더 깊은 관계를 누릴 수 있고 죄책감과 속박에서 벗어날 수 있다. 오늘 행동하라.

생각해보기

1. 말만 하고 행동하지 않은 지가 얼마나 되었는가?
2. 어떤 행동을 취할 준비가 되어 있는가? 첫걸음을 내딛는 데 누군가의 도움이 필요하지 않은가?
3. 계획을 충실히 이행하기로 다짐했는가? 어떤 마음의 결단을 내렸는가?
4. 행동으로 실천하지 않고 말만 하면 어떤 대가를 치르게 되는가? 그 결과는 무엇일 것 같은가?
5. 6개월 안에, 1년 안에 혹은 평생에 걸쳐 이루고 싶은 결과가 있다면 무엇인지 작성해보라. 그것들을 목표로 설정하라.

65. 성경 읽기 _ 야고보서 2:26

정말 변화될 수 있다고 생각하는가?

나는 변화될 수 있는가? 물론 변화될 수 있다. 희망은 언제나 있다. 하나님은 우리가 평강과 기쁨을 누리기를 원하신다. 염려와 죄책감에 시달리지 않고 살기를 원하신다. 그러나 오랜 상담 경험에 비추어볼 때 하나님이 도와주시지 않으면 변화될 수 없다고 감히 단언할 수 있다. 잠시 동안 욕구를 억누를 수는 있다. 하지만 진정한 변화는 마음에서 시작된다. 그러기 위해서는 하나님의 도움과 능력이 필요하다.

당신은 비밀을 지키려고 너무나 많은 애를 썼다. 혼자서 중독과 씨름하는 게 습관이 되었고 그로 인해 아내나 가족, 하나님과 깊은 관계를 갖지 못했다. 혼자서는 바뀔 수 없다. 혼자만의 싸움을 멈추어야 한다. 그 문제를 밝히고 공개적으로 다루어야 한다. 공개적으로 수치를 당해야 한다는 뜻은 아니다. 당신에게 필요한 건 비판이 아닌 지원과 사랑이기 때문이다.

당신은 두려움에 사로잡혀서 자신이 중독되어 있음을 인정하지 못하고 도움을 얻고 변화되기를 스스로 거부해왔다. 거절당할까봐 또는 평판에 흠집이 나거나 아내가 당신을 떠날까 두려워했을지도 모른다. 무엇에 대한 두려움이든, 그 두려움과 정면으로 맞서라. 신뢰할 수 있는 친구나 교회 지도자의 도움으로 첫걸음을 내디디라. 치료 기관을 찾아가 상담을 받으라. 당신의 비밀이 법적으로 보호를 받을 수 있다. 도움을 받는 일을 주저하지 말라. 수치심과 죄책감을 떨쳐버리라. 무슨 일이 있어도 망설이거나 포기하지 말라.

우리 상담실을 찾는 사람들은 대부분 절대 비밀이 새어나가지 않는다는 것을 보장해주기를 원했다. "내가 상담 내용을 이용할 데가 어디 있겠습니까? 고객의 비밀이 새어나가 당신의 평판에 먹칠할 가능성은 없습니다." 나는 최선을 다해 그들을 안심시켜준다. 어떤 환자들은 가명을 사용하고 치료비를 전액 현금으로 지불한다. 그들의 두려움은 실제적이다. 또한 보호받을 권리가 있다. 가장 중요한 목표는 치유 과정을 끝까지 다 마치고 회복되는 것이다. 아내나 가족과 친구들은 당신이 성공하기를 원한다. 용기를 가지라. 당신은 변화될 수 있다. 오늘 변화를 향한 선택을 하라!

생각해보기

1. 당신이 두려워하는 건 무엇인가?
2. 얼마나 절실히 도움을 원하는가? 각오가 되어 있는가?
3. 어디서 도움을 구하려고 하는가?

66. 성경 읽기 _ 빌립보서 4:13

음란물이 없는 무공해 집 만들기

　무공해 집 만들기는 그동안 모아놓은 모든 비디오와 도구들, 잡지, 즉 음란물 중독 습관을 유지하게 만든 모든 것들을 모아서 폐기하는 작업이다.
　나는 음란물 중독과 씨름하는 사람들이 자신의 말에 책임을 지도록 하기 위해 그런 물건들을 사무실로 가져오게 한다. 그래야 중독을 극복하는 실제적 과정으로 확실하게 걸음을 내디딜 수 있다. 어떤 사람들에게는 〈내셔널 지오그래픽(National Geographic)〉 잡지들을 몽땅 가져오게 시킨 적도 있다. 음란 잡지를 은폐할 만한 표지를 치워 음란물을 차단하려는 생각에서였다. 나는 사람들이 중독 사실을 부인하거나, 음란물을 계속 탐닉하기 위해 사용하는 온갖 속임수들을 알고 있었다. 내담자가 상담실을 떠나면 혹시 누군가가 재활용하는 일이 발생하지 않도록 파지분쇄기로 음란물들을 완전히 폐기한다.
　다시 말하자면 음란물을 집에서 실제로 다 몰아내야 한다. 컴퓨터의 하드를 청소하고 음란물에 다시 접근하거나 다운받지 못하도록 접속 차단 코드를 설치해야 한다. 차고든 어디든 음란물을 숨겨서는 안 된다. 그렇게 철저히 집에서 음란물을 제거해야 생각과 마음에서 그것을 몰아낼 수 있고, 당신의 인생에서도 영원히 몰아낼 수 있다.
　집이 아닌 다른 곳에서 음란물을 탐닉하거나 누군가에게 음란물을 숨겨달라고 해서도 안 된다. 이것은 중독임을 기억하라. 음란물을 제거하지 않는다면 그것은 계속해서 당신을 지배할 것이다. 계속 유혹받을 것이다. 그리고 당신의 인생에서 떠나지 않을 것이다. 그러므로 집을 청소하는 이 첫 단계를 실천하라!

생각해보기

1. 어떤 음란물을 숨기고 있는가? 남의 눈에 띄지 않는 곳에 그것을 숨기는 이유는 무엇인가?
2. 언제 그 물건을 버릴 작정인가?
3. 확실히 버리겠다는 결심을 보여주기 위해, 그 물건을 누군가가 보는 앞에서 공개적으로 버릴 수 있는가? 당신이 이 물건을 완전히 버렸다는 것을 그 사람이 확인할 수 있는가?
4. 이외에도 유혹을 피하기 위해 세운 계획이 있는가?

67. 성경 읽기 _ 히브리서 10:22, 디모데후서 2:21

애 도 과 정

언제부터인지 모르지만 음란물이 친구처럼 느껴진다는 사실을 당신은 이미 알고 있을 것이다. 음란물에 중독된 대부분의 사람들에게 음란물은 즐기거나 위안을 얻거나 도피하기 위해 혹은 스트레스를 풀기 위해 의지하는 대상이다. 거의 진짜 친구 같은 느낌을 갖게 해준다. 그러나 그건 진실이 아니다. 알코올 중독자가 술병을 친구라고 부르는 것처럼, 음란물은 대체물일 뿐이다. 중독을 극복하기 위해서는 그 친구와 작별해야 한다. 그리고 그것은 애도 과정을 포함한다.

우리는 누구나 소중한 것을 잃을 때 슬퍼한다. 대체로 그 소중한 대상은 사람이다. 하지만 때로는 직업이거나 가정일 경우도 있다. 사람들이 상실의 아픔을 느끼는 원인은 수없이 많고 슬픔의 정도도 다양하다. 다른 슬픔과 마찬가지로, 늘 상습적으로 짓던 죄나 중독(친구)과 결별할 때 역시 기본적으로 4단계의 애도 과정을 겪는다.

첫 번째, 자신이 음란물에 빠졌다는 사실을 부정한다. 이 책을 읽는 독자라면 이미 이 단계를 통과하고 자신에게 음란물에 대한 문제가 있음을 인정했을 것이다.

두 번째 단계는 분노다. 자신은 물론이고 음란물과 싸워야 하기 때문에, 이 단계는 매우 힘든 단계다. 음란물을 보다가 들킨 자신을 비난할 수도 있다. 혹은 더 빨리 구해주지 않았다고 하나님을 원망할지도 모른다. 어쩌면 원하는 대로 욕구를 충족시켜주지 않았다고, 아내나 여자 친구에게 비난의 화살을 돌릴 수도 있다. 음란물에 너무나 쉽게 빠지게 만들고 걸림돌을 만들어낸 사회를 원망할 수도 있다. 분노는 아주 다양한 형태로 나타날 것이다.

세 번째 단계는 수용으로 넘어가는 단계다. 수용이란 "이 문제를 인정한다. 이 문제로 인해 슬퍼할 수 있다. 이제 인생을 영위하는 새로운 방식을 받아들이겠다"라고 말하는 것이다.

네 번째 단계는 재건이다. 자신에게 "이제부터 목표로 삼고 노력하고 싶은 게 무엇인가?"라고 질문할 수도 있다. 이 책에서 이미 살펴보았듯이 핵심 문제는 거짓된 관계를 대체할 수 있는 건강한 관계들을 구축하는 것이다.

이 애도 단계를 1단계부터 4단계까지 순차적으로 통과하는 사람은 거의 없다. 1, 2, 3단계로 넘어가다가 다시 2단계로 가서 4단계로 가거나, 1단계에서 2단계, 또 2단계로 애도 과정을 반복할 것이다. 어떤 날에는 여러 단계로 훌쩍 뛰어넘을 수도 있다. 하지만 분노에서 수용과 재건 단계로 발전하고 싶은 마음은 진심일 것이다. 이것은 시간이 걸린다. 분노를 표현해야 한다. 사람들에게 그 분노의 감정을 인정받아야 한다. 그것이 실제적인 것임을 이해할 필요가 있다.

중요한 핵심은 우리의 분노를 어떻게 다루는가이다. 분노를 파괴적으로 표현할 수도 있고 건설적으로 표현할 수도 있다. 확실히 건설적인 행동은 용납될 수 있다. 하지만 파괴적인 행동은 용납되지 않는다. 그러므로 자신이나 다른 사람에게 상처를 주는 것은 모두 파괴적인 행위다. 다른 건전한 영역에 관심을 두고 몰두함으로써, 이 분노를 해결할 수 있다. 이 부분에 대해서는 이 책의 다른 장에서 다룰 것이다.

자신에 대한 믿음을 가지라. 분명히 중독에서 벗어날 수 있다.

생각해보기

1. 음란물이 친구라는 것을 인정하는가? 어떤 면에서 친구 역할을 했는가?
2. 현재 애도 과정 중 몇 번째 단계를 통과하고 있는가?
3. 어떻게 하면 수용 과정을 넘어서 삶을 재건하는 작업을 시작할 수 있는가?
4. 가짜 친구가 아닌 진짜 친구를 사귀기 위해 어떤 노력을 기울이고 있는가?

68. 성경 읽기 _ 고린도후서 12:21

환상을 행동으로 옮기고 싶은 유혹

　수많은 통계학적 자료와 분석 자료를 보면 성적인 일탈을 저지르는 사람들, 가령 아동 성도착자나 강간범, 매춘부들은 음란물을 보고 아이디어를 얻고 자극을 받았음을 보여준다. 음란물이 아니었다면 그렇게 망가지거나 선을 넘는 일은 없었을 거라고 실토하는 사람들도 있다.
　우리는 누구나 약하다. 모든 사람은 각자 유혹에 쉽게 넘어가는 취약한 부분이나 순간 혹은 그런 날이 있다. 출장을 가서 숙박하게 된 모텔에서 음란물의 유혹을 받을 수도 있다. 평소에 매력을 느꼈던 직장 이성과 발전된 우정을 나누었을지도 모른다. 성적으로 일탈하고 싶다는 유혹은 모든 사람에게 해당된다. 그 누구도 이런 유혹에서 면제된 사람은 없다. 우리는 충동에 따라 행동한다. 심사숙고하고 계획적으로 행동할 때도 있지만, 스스로도 예상하지 못한 상태에서 충동적으로 행동할 때도 있다. 그리고 그런 자신에 대해 놀라곤 한다.
　음란물에 중독되면 실제로 환상을 실행해보고 싶다는 단계로 발전한다. 행동으로 옮길 때의 위험은 우리가 상상할 수 있는 그 어떤 것보다 더 심각하며, 결과 역시 기대한 것과 완전히 딴판일 것이다.

생각해보기

1. 성적으로 일탈할 때 어떤 위험이 따르는가?
2. 이런 충동이 갑자기 생길 수 있다는 것을 정직하게 인정하는가?
3. 후회할 것을 알기에, 성적 환상을 실행에 옮기는 유혹을 받지 않도록 안전 장치를 해둔 것이 있는가?

69. 성경 읽기 _ 마가복음 14:38

너 무 늦 기 전 에

어떤 사람이 일하던 중에 큰 사고를 당했다. 그런 가능성을 한번도 생각해보지 않고 살았던 사람이었다. 그런데 그의 아내와 가족들이 차고에 갔다가 그가 숨겨놓은 음란물을 발견했다. 그가 사망한 지 몇 개월이 지난 후 손자들이 그 물건을 우연히 발견한 것이다. 가족들은 충격과 실망감을 금할 수 없었다. 그 일로 그에 대한 아름다운 추억은 완전히 무너지고 말았다.

당신에게 그런 불의의 사고가 생긴다면, 당신의 가족들은 벽장이나 차고 혹은 컴퓨터에서 어떤 것을 발견하게 되겠는가? 가족들에게 어떤 유산을 남기겠는가? 당신의 어머니가 유품을 정리하러 당신의 집을 청소하다가 서랍장에서 음란물을 발견하면 얼마나 당황스럽겠는가? 당신의 컴퓨터를 열었다가 아무도 열어보지 못하도록 감추어둔 폴더에서 뜻밖의 내용을 발견하면 얼마나 수치스럽겠는가?

불의의 사고를 당하기 전에 증거를 치울 시간이나 기회가 항상 있다고 생각할 것이다. 그러나 그런 생각이 틀렸다면 어떻게 하겠는가? 가슴이 서늘해지지 않는가? 인생이 바뀌는 각성의 계기가 되기를 기도한다. 가족들이 당신의 유품에서 음란물을 발견할 때 가슴이 무너지는 충격을 받으리라는 건 자명하다. 당신이 그런 모습으로 기억되기를 원하는가?

일부러 가족들에게 상처를 주거나 수치스럽게 할 마음은 전혀 없을 것이다. 그런데 왜 당신에 대한 가족들의 존경을 배신하고, 아름다운 사랑의 추억을 빼앗아갈 음란물에 계속 집착하는가? 집을 청소하라. 마음을 청소하라. 생각을 청소하라. 자신의 운명을 바꾸고 가족들에게 남길 유산을 바꿀 힘이 당신에게 있다.

생각해보기

1. 몰래 감추어둔 음란물을 없앨 수 있는 기회는 언제든지 있다고 스스로를 속이고 있지 않는가?
2. 훗날 가족들이 나의 치부를 발견하는 일이 없도록, 오늘 내가 할 수 있는 일은 무엇인가?
3. 주위 사람들에게 내 모습이 어떻게 기억되기를 원하는가?

70. 성경 읽기 _ 고린도전서 5:7

쾌 감 감 소 의 법 칙

음란물에 더 깊이 중독될수록 더 자극적인 것이 필요하다. 다른 중독들과 마찬가지로 처음에 자극적이던 것이 이제 더 이상 흥분을 일으키지 않는다. 성적으로 흥분이 되지 않기 때문에 점점 더 자극적인 것이 필요하다. 이것은 모든 중독의 특성이지만 음란물에서는 더 자극적이고 노골적인 자료를 요구한다. 심각하게 선을 넘어 더럽고 비정상적인 것을 탐닉하게 된다. 결국 너무나 역겨워서 음란물에 중독된 당사자조차 자신이 보는 음란물을 차마 용납하지 못하고 있음을 깨닫게 된다.

인터넷과 현대의 발달된 기술들을 이용하면 무엇이든 다 접근할 수 있다. 아무리 변태적이고 노골적이고 야한 것들이라도 볼 수 있다. 쾌감 감소의 법칙에 따라 단순한 것에도 자극받던 순진한 시절로 돌아가기란 절대 불가능하다. 더 많은 시간, 더 노골적인 내용 등 계속해서 더 자극적인 것을 원하게 될 뿐이다.

일단 쾌감 감소의 악순환에 빠지면 절대 점진적으로 음란물에서 빠져나올 수 없다. "앞으로 좀 줄일 거야"라는 말은 거짓말이다. 그 누구도 점차적으로 줄이지 못한다. 자기기만이다. 중독을 극복하기 위해서는 완전히 중단해야 한다. 바로 지금!

생각해보기

1. 음란물 중독과 관련해 쾌감 감소의 법칙을 경험하고 있는 부분이 있는가?
2. 왜 더 노골적이고 역겨운 것을 원할 정도로 음란물 중독이 심각해졌는가? 그 이유가 무엇인가?
3. 계속 쾌감이 줄어들고 있다면, 어떻게 중단하고 **빠져나올** 것인가?

71. 성경 읽기 _ 로마서 1:28-32

분노를 다루라

분노는 아주 뿌리 깊은 감정이다. 많은 사람들에게 분노는, 그들이 주로 표현하는 세 가지 감정 '행복감, 분노, 사랑'의 감정 중 하나다. 분노가 용납되지 않는 감정은 아니지만 정말 중요한 것은 그 분노를 다루는 방법이다.

음란물 중독과 싸우다보면 분노가 생길 것이다. 여러 대상에 대한 분노가 생길 수 있다. 그건 한때 삶의 아주 중요한 한 부분이었던 음란물과 이별하는 애도 과정에서 나타나는 한 현상이다. 애도의 4단계는 다음과 같다. 첫 번째는 부정이다. 지금 분노를 다루고 있기 때문에 이 과정은 이미 통과한 셈이다. 두 번째는 분노이고, 세 번째는 수용과 협상이다. 그리고 마지막 네 번째는 지금 처한 상황을 구체적으로 어떻게 다루고, 어떻게 삶을 재건할 것인지 결정하고 노력하는 단계다. 말 그대로 오래된 친구를 떠나보내는 것이기 때문에 슬퍼하며, 애도하는 것도 하나의 과정이다. 그 '친구'가 악하고 파괴적이었지만, 아주 친했고 인생에 중요한 부분을 차지했다. 큰 대가를 치러야 했고 일시적이지만, 쾌락을 얻게 해주었던 친구다.

당신이 느끼는 분노는 실제적인 감정으로서, 음란물 산업을 향한 분노일 수도 있고, 중독으로 이끌었던 사람이나 당신을 학대한 사람에 대한 분노일 수도 있다. 혹은 아내나 과거의 실패한 관계, 혹은 이제 발각이 되어 책임을 져야 하는 사실 자체에 분노를 느낄 수 있다. 분노의 방향은 여러 가지일 수 있다. 하지만 이제 그 감정을 분명하게 다루어야 한다. 그 감정을 무시하거나 억압해서는 안 된다. 분노를 제대로 다루지 않으면 우울증으로 발전할 수 있다. 또한 제대로 처리되지 않은 분노는 엉뚱한 사람에게 부당하게 전이될 수 있다.

당신의 분노는 실재하는 감정이다. 그 분노를 처리하기 위해 선택을 해야 한다. 그 감정을 털어놓고 이야기하고 고함지르거나, 다양한 육체적 활동을 통해 배출할 수 있다. 하지만 무엇보다 분노를 있는 그대로 인정하고 처리해야 한다. 그렇게 하지 않을 경우 분노를 감당하지 못해 결국 좌절하고 말 것이다.

분노를 적절하게 다루지 못한 사람들은 심각한 좌절감을 겪은 나머지, 그 감정을 달래기 위해 다시 음란물 중독에 빠져든다. 오히려 그 감정이 더 복합적이 되어 이전보다 중독이 더 심해진다.

생각해보기

1. 화가 나는가? 그 분노의 원인은 무엇인가?
2. 자신의 분노를 어떻게 표출하는가? 건설적인 방법으로 표현하는가? 아니면 부정적인 방법으로 표출하는가?
3. 분노를 해결하기 위해 무엇이 필요한가? 적절한 과정을 통과하고 있는가?

72. 성경 읽기 _ 에베소서 4:26-27

유혹받을 가능성을 차단하라

중독으로부터 부분적으로 벗어났다고 충분하다고 위안 삼으며 스스로를 정당화시키면 안 된다. '도' 아니면 '모'다. 알코올 중독자는 주류점에서 일하면 안 된다. 콜라를 주문할 생각으로 술집에 가지는 않는다. 음란물에 중독된 사람도 마찬가지다. 유혹받을 가능성을 차단해야 한다.

늘 제집처럼 드나들던 버릇 때문에 음란물을 파는 가게에 저절로 멈추게 된다면, 출퇴근길을 바꾸라. 자주 가는 곳에 음란물 잡지 서점이나 코너가 있다면 다른 길을 찾으라. 컴퓨터를 깨끗이 청소하고 음란물 차단 프로그램을 설치하라. 어디에서든 유혹을 받지 않도록 모든 가능성들을 차단할 안전 장치를 마련하라. 그 가게를 들르거나 그 웹 사이트를 방문하면 어떤 일이 벌어질지 당신은 알 것이다. "그곳에 가면 이런 일이 일어날 것이다. 그러므로 책임은 내게 있다"고 말할 수 있을 것이다.

유혹을 차단하는 훈련은 시간이 흐르면 점점 더 익숙해진다. 처음 몇 분간은 자신을 변명하고 합리화시키려 할 가능성이 있다. "이 정도로 난 영향받지 않아. 굳이 이렇게까지 할 필요가 없어. 얼마든지 조절할 수 있어." 하지만 그건 자신을 속이는 일이다. 유혹과 중독을 이기는 유일한 길은 행동 패턴을 바꾸는 것이다. 새롭게 시작해야 한다.

많은 사람들이 그렇듯이, 실패하더라도 다시 시작하면 된다. 희망을 포기하지 말라. "넘어졌어요. 다시 빠져버렸어요. 하지만 그 다음에는 그 함정을 피하려고 다른 길을 선택했지요."

생각해보기

1. 나의 행동 패턴은 어떤가?
2. 자주 방문하는 장소나 사이트는 어디며, 어떻게 하면 그곳들을 피할 수 있는가?
3. 음란물의 유혹을 부추기는 장소를 피하지 않고 다시 찾을 경우, 실제적인 대가를 치르고 나 자신과 다른 사람에게 책임을 지도록 하기 위해 구체적으로 어떤 방법을 사용할 수 있는가?

73. 성경 읽기 _ 고린도전서 6:18-20

수치심을 느끼는 이유

대부분의 사람들이 느끼는 기본 감정에는 당혹감, 부끄러움, 수치심이 포함된다.

당혹감은 가령, 코를 후비는 모습을 누가 보거나 사람들 앞에서 방귀를 뀌게 될 때 생기는 감정이다. 그 사람은 얼굴이 빨개지면서 "이런, 창피해. 미안해요"라고 말할 것이다. 잠시 당혹스럽기는 하지만 별로 큰 문제는 아니다. 약간 키득거리기는 하겠지만 사람들도 이해하고 보통 모른 척하고 넘어간다.

부끄러움의 감정은 이 감정보다 더 진전된 상태다. "국세청에 적발되어 부끄럽습니다"라거나, "친구에게 거짓말을 했는데 그 일로 전화가 왔답니다"라고 말할 때의 감정이다. "동료에게 화를 심하게 내서 부끄럽습니다. 이제 가서 사과를 해야겠어요." 부끄러움을 느끼면 보통 잘못에 대한 적절한 책임을 지게 된다. 벌금을 물거나 감옥에 가거나 사과를 한다. 대가를 치르면 그 사람은 잘못이나 책임으로부터 면죄를 받는다.

수치심은 이보다 훨씬 심각하다. "나는 망가진 장난감 같아서 아무도 나를 원하지 않아요. 결점 투성이입니다. 저는 문제가 있어요."

음란물에 중독되면 이 세 가지 감정을 모두 경험한다. "누군가가 나를 보아서, 혹은 내가 부적절한 농담을 해서 약간 당혹스러웠습니다." "음란물에 빠져서 부끄럽습니다." "음란물을 보는 게 들켜서 부끄럽습니다." 그러나 내면 더 깊은 곳에서는 열등감과 싸우고 있다. "수치감을 느낍니다. 그 사진들을 보거나 폰 섹스를 하며 전화를 하고 있을 때, 인터넷에서 음란 채팅을 하고 있을 때 열등감을 느낍니다." 불안정감 역시 수치심을 더욱 악화시킨다. 그런 수치심은 자존감을 무너뜨리고 내적 힘을 약화시킨다. 중독을 극복하는 데 필요한 자신감을 무너뜨린다.

음란물과의 싸움에서 이기기 위해서는 스스로 이렇게 물어보아야 한다. "나는 무엇을 수치스러워하는가? 그 시발점은 무엇인가? 어떻게 하면 그 수치심을 극복할 수 있는가?" 그리고 스스로에게 긍정적인 사실을 반복적으로 주입시켜야 한다. "나는 하나님의 자녀다. 소망이 있다. 내 존재감을 확인하기 위해 이런 중독과 역겨운 탐닉이 필요하지 않다. 나는 망가진 장난감이 아니다. 아직 자라지 못하고 아이로 남아 있는 부분이 있고, 그 부분에 성장이 필요한 사람일 뿐이다."

생각해보기

1. 어떤 수치감을 갖고 있는가?
2. 자신이 버려져 쓸데없는 장난감같다는 생각이 드는가? 언제부터 그런 감정에 시달리기 시작했는가? 그런 감정을 갖게 만든 사람은 누구인가?
3. 그 수치심을 극복하고 하나님 안에서 온전한 존재임을 확신하기 위해서는 어떻게 해야 하는가?

74. 성경 읽기 _ 시편 40:12

죄는 단순한 논쟁거리가 아니다

사람들이 내게 자주 하는 말이 있다. "그건 죄가 아닙니다. 그냥 내가 하는 어떤 행위일 뿐이죠. 논쟁거리가 될 수는 있지만, 하면 안 되는 나쁜 일은 아니라고 생각합니다. 분명히 죄는 아닙니다."

하지만 분명히 말하건대, 그것은 죄다. 음욕의 죄며 마음과 생각으로 저지르는 간음죄다. 관계를 배신하는 것이다. 회개하고 공개적으로 드러내야 할 죄다.

현대 문화는 우리가 대면하기를 원하지 않는다는 이유로 우리의 문제들을 축소하거나 면죄부를 주는 경향이 있다. 실제로 우리는 어떤 문제든 죄가 아닌 다른 문제로 다루어지기를 바라면서, 죄라는 단어가 아닌 완곡한 표현을 사용한다. 그러나 음란물의 실체를 정직하게 파악하면 그것이 파괴적인 죄라는 것을 깨닫게 될 것이다. 성경은 죄의 삯이 사망이라고 말한다. 항상 육체적 죽음을 의미하지는 않지만 영혼의 죽음과 관계의 죽음, 마음의 죽음을 낳는다. 죄는 반드시 큰 대가를 치르기 마련이며 당신에게 대가를 요구한다.

그러므로 완곡한 표현 뒤로 숨지 말라. 있는 그대로 직시하고, 있는 그대로의 명칭을 사용하라. 음란물 중독은 아내와 가족과 주님으로부터 당신을 분리시키는 죄다.

생각해보기

1. 음란물 사용을 죄라고 생각하는가?
2. 어떤 면에서 그것이 죄인가?
3. 음란물 사용이 간음죄임을 인정하는가? 부부의 하나 됨을 깨뜨리는 죄임을 인정하는가?

75. 성경 읽기 _ 요한일서 2:16

산책하기

나는 바다를 좋아하고 즐겨 찾는다. 해변에서 산책을 하며 스스로를 성찰하는 시간을 갖는다. 우리는 그런 산책을 통해 인생의 목표를 되돌아보고, 재충전의 시간을 가지며, 영혼이 회복되는 기회를 가질 수 있다. 또한 내면의 힘을 회복할 수 있다.

중독이나 어떤 문제를 극복하기 위한 첫 단계로 머릿속을 비우는 게 중요하다. 신선한 공기를 마시고 운동을 하라. 나에게는 이런 일을 할 수 있는 장소로 해변만한 곳이 없다. 어떤 이들은 숲을 산책하거나 자전거 타기를 더 좋아할 것이다. 어디로 가서 무엇을 하는지는 중요하지 않다. 하지만 정신적으로, 영적으로, 육체적으로 더 건강해질 수 있는 일을 해야 한다.

현재의 결정을 되돌아보고 재점검하며, 과거를 통해 배우고 미래를 준비하는 시간을 가지라. 상담자들과 대화를 나누어보면, 이런 시간을 충분히 갖는 게 결코 쉽지 않다는 걸 알 수 있다. 성장과 치유를 위해서 우리는 모두 이런 시간을 가져야 한다. 이러한 단계는 중독을 극복하기 위해 반드시 필요한 단계로서, 음란물을 집에서 없애고 컴퓨터 파일을 청소하는 것 못지않게 중요하다.

건강한 미래를 위한 여정은 첫걸음을 내딛는 것으로 출발한다. 그러므로 오늘 자신을 위해 해변으로 산책을 가보자.

생각해보기

1. 당신에게 가장 효과적인 산책길은 어디인가?
2. 그 시간이 어떤 시간이 되길 원하는가?
3. 어떻게 하면 정서적, 영적으로 재충전할 수 있는가?

76. 성경 읽기 _ 마태복음 14:23

컴퓨터가 소리쳐 유혹할 때

음란물 중독이든, 도박이나 다른 어떤 것에 대한 중독이든, 중독에 대해 꼭 유념해야 할 점이 있다. 그것은 중독으로 이끄는 물건이나 장소가 "어서 와서 즐겨"라고 소리쳐 부르는 것 같은 유혹을 중독에 걸린 당사자가 받는다는 사실이다. 알코올 중독이면 선반 위의 술병이 소리쳐 부를 것이고, 도박 중독이라면 귀가하는 도중 카지노 앞을 지나칠 때 유혹하는 소리가 들릴 것이다.

오늘밤 컴퓨터가 당신을 향해 '유혹의 노래'를 부를지도 모른다. "와서 메일을 체크해. 놓치면 안 되는 중요한 메일이 와 있을지 몰라. 몇 분만 시간을 내라구. 내일 회의에서 발표할 자료를 좀 더 다듬어야 되잖아." 하지만 실제로는 컴퓨터에 앉은 모습을 들킬 새라, 재빨리 좋아하는 사이트들을 훔쳐보고 싶은 마음을 그럴 듯한 변명으로 합리화하고 있는 것이다.

중독을 극복하고 싶다면 컴퓨터가 소리쳐 부를 때 그 소리를 무시하고 컴퓨터를 절대 켜서는 안 된다. 메일을 열어보거나 내일 있을 프로젝트 발표를 위해 작업을 한다는 말로 자신이나 다른 사람들을 기만해서는 안 된다. 당신과 나는 한두 번만 클릭하면 좋아하는 사이트가 열린다는 것을 알고 있다. 음란물과 직결되는 도구가 컴퓨터라면 혼자 있을 때는 아예 가까이하지 말라. 알코올 중독에서 회복되는 과정에 있는 사람은 술집에 취직하거나 바텐더로 일하면 안 된다.

    컴퓨터가 소리쳐 부르며 음란물에 대한 욕구를 채우도록 유혹할 때마다 다른 대체 활동을 찾아보라. 믿을 만한 사람에게 현재 겪고 있는 일을 털어놓으라. 컴퓨터가 끈질기게 손짓해 부른다는 사실을 정면으로 다루라. 이것은 자유를 향한 여정에서 부딪히게 될 육체적, 정서적, 영적 싸움이다. 당신은 이 싸움에서 반드시 승리할 수 있다.

생각해보기

1. 컴퓨터가 소리쳐 부르며, 좋아하는 사이트를 방문하라고 가장 심하게 유혹할 때는 언제인가?
2. 컴퓨터는 미끼에 지나지 않는다는 사실을 알고 있는가?
3. 컴퓨터가 소리쳐 부를 때, 어떻게 할 것인지 계획하고 있는가? 음란물의 유혹에 넘어가지 않기 위해 대체할 활동이 있는가?

77. 성경 읽기 _ 에베소서 5:3-12

버 티 기

'버틴다'는 건 알코올 중독자 회복 모임에서 빌려온 개념으로 "내가 건재하다는 것을 나 자신뿐 아니라 사람들과 그녀에게 증명해 보일 수 있다"고 말하는 것이다. 말 그대로 그냥 참는 것이다. "봤지? 지금까지 2주나 음란물을 보지 않았어", "봐, 이제 괜찮아. 5주나 버텼어"라고 자랑스레 말할지 모른다. 누군가에게 자신이 중독된 게 아님을 증명할 목적으로 견디고 있는 것이다.

이렇게 단순히 버티는 훈련은 문제의 실제적인 원인에 접근하지 못한다. 중독의 원인이나 실제적 현실들을 다루지 않는다. "난 중독된 게 아냐. 아무 문제없어"라고 말할 수 있도록 잠시 숨을 참고 견디는 것에 불과하다. 버틸 수 있다는 것은 거짓말이다. "여기서 벗어나야 한다. 중독 사실을 인정해야 한다. 도움이 필요하다"고 말할 수 있는 용기를 가져야 한다. 실제로 "완전히 바닥을 쳐야 삶을 돌이키는 데 필요한 도움을 구할 수 있다. 추락할 만큼 추락해야 한다. 위장된 모습으로 사람들에게 나를 증명해 보이려고 하지 말자. 이제 나 자신에게 정직해지자"라고 스스로를 설득할 필요가 있다.

중독에서 회복되려면 정직이 핵심이다. 나를 정직히 인정하자. 하나님께 정직한 모습을 보이는 것은, 인생을 재건하는 데 꼭 필요한 모습이다. 결코 형식적으로 필요한 진부한 표현이 아니다.

생각해보기

1. 지금 나는 중독자가 아닌 척하며 잠시 참고 있지는 않은가?
2. 나는 누구에게 무엇을 증명하려고 애쓰는가?
3. 언제쯤 정직하게 나를 드러내고 실제적인 문제들을 다룰 것인가?

78. 성경 읽기 _ 요한일서 1:9, 빌립보서 4:8-9

자유의 의미

음란물 중독과 같은 죄에 빠지면 그것에 얽매여 정서적, 영적, 정신적 자유를 상실하게 된다. 죄책감에 시달리지 않고 자유롭게 '날아다니는' 홀가분함이 어떤 것인지, 숨길 비밀이 없음을 알기에 어디든 마음껏 출입한다는 게 무엇인지 까마득해진다. 내면적인 자유를 향유하고 관계 속에서 "아무 거리낌이 없다"고 당당히 말할 수 있는 떳떳함이 사라지는 것이다.

어느 날 귀가해서 남편에게 음부 쪽이 따끔거린다고 호소한 어떤 여성의 이야기가 생각난다. 남편은 아내의 말을 듣고 "나한테서 옮아간 건 아닌데"라고 대답했다. 그러자 아내는 바로 그 자리에서 울기 시작했다. 남편은 아내를 달래면서 자신의 말이 아내에게 어떻게 전달되었을지 곧장 알아차렸다. 그리고 "여보, 당신이 누군가에게서 성병을 옮겨왔다는 뜻으로 한 말이 아니라오. 비난하려던 게 아니라, 내가 부끄러워할 만한 일을 한 번도 한 적이 없다는 뜻에서 했던 말이오. 병원에 가서 무슨 문제가 있는지 알아봅시다. 불안해할 필요는 없소"라고 아내를 다독였다.

그녀는 울음을 그치고 남편에게 이렇게 말했다. "내가 지금 우는 건 당신 탓이 아니라는 걸 알기 때문이에요. 당신을 믿어요. 우리 사이는 흔들림이 없어요."

그 주간에 그녀는 병원에 가서 진찰을 받았고, 최근 가입한 체육관의 샤워실 비누가 원인이라는 것을 발견했다. 전혀 염려할 게 없었다.

남편과 아내 두 사람 모두 전혀 거리낄 게 없었고 자유로웠다. 서로에게 진심으로 정직할 정도로 자유로웠고, 그 문제를 의사에게 가져갈 정도로 마음에 거리낌이 없었다.

중독에 빠지면 내면은 속박되고 은밀한 비밀과 어둠이 숨어들어 당신의 마음과 생각을 좀먹는다. 그리스도 안에서 누리는 참된 자유를 빼앗아간다.

생각해보기

1. 중독에 빠지지 않았더라면 어떤 자유를 향유하고 있겠는가?
2. 거칠 게 없이 자유롭다면 어떻게 살고 있을지 적어보라.
3. 어떻게 하면 이 중독에서 자유로워질 수 있는가?

79. 성경 읽기 _ 갈라디아서 5:1

떠나라

죄를 짓지 않기 위해 혹은 죄에 대한 유혹을 거부하기 위해, 정신적이거나 영적인 선택만 필요한 것은 아니다. 종종 물리적인 선택이 요구될 때가 많다. 히브리 청년 요셉의 이야기를 생각해보자. 그는 노예로 팔려왔지만 바로에게 뽑혀 애굽을 다스리는 권한을 얻게 되었다. 처음 애굽에 끌려갔을 때 보디발(바로의 시위 대장)의 집에서 종살이를 했다. 보디발의 아내는 요셉의 수려한 용모에 반해 그를 유혹했다. 그녀의 유혹이 하나님과 주인에 대한 배신이라고 생각한 그는 성경 말씀대로 그녀를 피해 자리를 떴다. 실제로 성경 기사는 그가 그녀를 피해 도망갔다고 기록하고 있다.

음란물은 황홀하고 감칠맛 나는 쾌락을 제공하겠다고 우리를 유혹한다. 환상적이고 황홀하게 보이더라도, 그 유혹에 넘어가지 말고 즉시 떠나야 한다. 도망가야 한다. 말 그대로 일어나서 컴퓨터를 떠나야 한다. X등급 비디오 가게 주차장으로 차를 몰아서는 안 된다. 음란물 잡지 구입을 그만두어야 한다.

물리적으로, 정신적으로 떠나야 한다. 일단 떠나면 뒤돌아보지 말라. 아쉬워하거나 미련을 두지 말라. 당신을 게걸스럽게 먹어치우려고 하는 괴물이라고 생각하라. 무서운 야수를 보면 한판 몸싸움을 해보겠다고 덤빌 사람이 몇이나 되겠는가? 음란물을 중독의 먹잇감이 된 사람들을 죽이려는 굶주린 야수와 다르다고 생각하지 말라. 하나님의 경건한 자녀로서 당신은 음란물을 떠나야 한다.

생각해보기

1. 음란물을 보고 싶다는 유혹이 당신을 괴롭힐 때 어떻게 대처할지 세워놓은 계획이 있는가? 있다면 말해보라.
2. 음란물의 유혹이 찾아올 때 그 자리를 떠난 경험이 있는가? 기분이 어떠했는가?
3. 지금 바로 음란물과 완전히 작별하기 위해서는 어떻게 해야 하는가?

80. 성경 읽기 _ 디모데후서 2:22, 창세기 19:17

그 무엇으로도 채울 수 없다

음란물 중독과 싸우는 사람들은 갈망하고 기대하는 '쾌락'을 얻기 위해 점점 더 자극적이고 노골적이며 강렬한 음란물을 끊임없이 필요로 한다. 그래서 음란물은 흥미롭게도 모순적인 면이 있다. 코카인과 헤로인의 경우 처음 흡입할 때가 항상 가장 짜릿하고 황홀하다. 마약 중독자들이 마약을 과다 복용하는 이유도 처음의 그 맛을 잊지 못해 양을 늘리거나 술이나 다른 마약을 섞어 복용하기 때문이다. 젊은이가 처음 성 경험을 했을 때도 동일한 양상이 나타난다. 때로 그 첫 경험의 황홀함이나 신혼 생활 초기의 감정을 잊지 못해 외도를 통해 그 감정을 되살리려고 하는 이들도 종종 있다. 혹은 처음의 그 감정이 식어가면서 음란물로 그것을 충족시키고자 하는 사람도 있다.

요지는 그 무엇으로도 첫 경험처럼 황홀하고 자극적인 감정을 되살릴 수 없다는 것이다. 사용량이나 시간 혹은 강도를 높이면 처음 느낌이 되살아날 것이라는 속삭임은 거짓말이다. 처음 느낌을 다시 얻고자 하는 시도는 엄청난 시간과 에너지 낭비다. 아무리 그 경험을 되살리려고 해도 처음의 그 황홀함을 맛볼 수 없다. 중독을 극복하고자 노력하면 그 황홀감을 갖고 싶은 마음이 더욱 간절해진다고 한다. 또한 어떤 것으로도 그것을 되살릴 수 없다고 한다. 당신은 이것이 상실의 일부이며 애도의 한 과정임을 받아들여야 한다. 음란물 탐닉을 포기하는 것은, 어떤 의미에서 한때 정신을 못 차릴 정도로 황홀한 경험이었지만 이제 인생을 파괴하는 부정적인 요인이 된 그 쾌락에 대한 갈망을 포기하는 것임을 인정해야 한다. 중독은 건강한 사람들과 건강한 관계를 나누고, 건강한 삶을 영위하는 것으로 대체해야 한다. 중독을 다른 것으로 대체하기 위해서는 먼저 음란물과 완전히 절연해야 한다. 보람 있는 일에 시간을 쓰고 건강한 보상이 따르는 활동에 시간을 보내라. 혼자 고립되지 말고 자신의 감정을 표현하는 길들을 찾아보고, 분노나 성적 불안감을 다룰 방법들을 찾아보라. 사랑하는 이들과 함께하는 시간을 가지라. 그들과 대화를 나누며 솔직하게 자신을 드러내라.

음란물에 심취하는 사람들은 이중생활을 한다(이 책의 3장 '비밀과 거짓말'에서 이 점에 대해 구체적으로 다루고 있다). 그들은 중독 사실을 숨기고 중독되지 않은 것처럼 행동한다. 음란물을 대체하기 위해서는 건강하며 성장하는 관계를 나누어야 한다.

생각해보기

1. 음란물 중독을 어떤 것과 대체하려고 노력하는가?
2. 생각대로 잘 되지 않는 부분은 무엇인가?
3. 적절한 대체물을 찾으면 어떤 효과가 있는가?

81. 성경 읽기 _ 야고보서 1:14-16

그녀에게 사과하라

음란물 중독에 대해 자신뿐 아니라, 아내에게도 정직해야 한다. 음란물에 빠진 사실을 알면 그녀는 깊이 상처를 입고 고통스러워서 화를 낼지도 모른다. 결혼 서약을 어긴 점을 사과해야 한다. 당신은 친구들과 가족들 앞에서 하나님과 그녀와 언약을 맺었다. 성경에 따르면 당신은 마음과 몸으로 두 사람의 침상을 더럽히고 그 언약을 어겼다.

진실하고 진지하며 실제적으로 사과해야 한다. 아내의 화를 가라앉힐 목적으로 마지못해 사과하는 이들이 많다. 그러나 이런 사과는 실질적인 알맹이가 빠져 있고 변화에 대한 장기적인 헌신과 노력도 결여되어 있다. 아내를 과소평가하지 말라. 여성들은 '육감'을 소유하고 있다. 당신의 아내 역시 당신에게 성적으로 어떤 문제가 생겼고 결혼 생활 밖에서 그 욕구를 해소해왔음을 이미 알고 있을지 모른다. 그러나 거절에 대한 두려움 때문에 그 문제를 꺼내지 못했을지 모른다. 자신의 감정을 스스로 삭이거나 음란물에 등장하는 여자들처럼 매력적이지 않아서 남편의 욕구를 충족시켜주지 못하고 있다고 자책하며, 당신의 행동을 자신의 탓으로 돌리고 있을지도 모른다.

그녀는 상처받았다. 모욕감에 빠져 있다. 일종의 성적 학대를 당해 온 셈이다. 실제로 외간 여성과 육체적으로 접촉한 적이 없기 때문에 당신은 자신의 행동이 이런 범주에 해당하리라 생각하지 않겠지만, 당신은 눈과 마음과 감정과 성적 환상으로 외간 여자들과 사실상 외도를 해왔다. 당신이 어떤 생각을 하건, 진심으로 회개한다면 그녀가 모욕감을 느끼며 상처받을 이유가 충분히 있음을 인정해야 한다.

그녀가 당신의 사과를 받아들이는 데 오랜 시간이 걸릴 수도 있다. 바로 결과가 나타나기를 기대하지 말라. 즉각적으로 용서해주지 않는다고 화내지 말라. 그녀가 이 일로 인한 고통을 극복하기까지 수개월 혹은 심지어 1년이 걸릴 수도 있고, 수많은 대화와 질문과 두려움과 눈물의 산을 넘어야 할 수도 있다. 그녀가 상처에서 치유되기 위해서는 이 모든 과정을 통과해야 한다. 이런 과정은 두 사람의 결혼 생활이 회복되고, 당신 자신의 건강한 성욕과 정신을 위해서도 꼭 필요하다.

회복을 향한 길로 들어서기 위해 먼저 그녀에게 사과해야 한다. 그래야만 과거의 문을 닫고 미래로 난 문을 열 수 있다.

생각해보기

1. 그녀에게 사과할 때 진심으로 정직했는가?
2. 그녀에게 사과하면서 자신보다 그녀의 감정을 더 배려하고 관심을 가졌는가?
3. 당신의 사과가 음란물을 앞으로 절대 보지 않겠다는 순수한 결단의 의미였는가? 아니면 앞으로 그 행동을 계속하기 위한 임시방편으로 아내를 달래기 위한 눈속임이었는가?
4. 당신은 사과할 때 변명과 핑계로 일관하며, 상대방 탓을 하지는 않았는가? 당신이 음란물에 중독된 것은 절대 그녀의 잘못이 아님을 기억하라. 스스로 선택한 일이었고 그 책임은 오롯이 당신의 것이다.

82. 성경 읽기 _ 고린도전서 7:2-3, 베드로전서 3:7

오직 그녀만을 사모하라

중독에서 완전히 벗어나려면 더 소중한 것으로 그 마음을 채워야 한다. 내가 볼 때 이 일은 전체 치유 과정에서 가장 중요한 부분이다.

더 소중한 그것은 바로 아내와 아내에 대한 당신의 사랑이다. 그녀를 당신 세계의 중심이 되게 하라(물론 하나님보다 더 중요하지 않겠지만 말이다). 그녀에게 우선순위를 부여하라. 음란물을 통해 성욕과 감정을 표현하거나 배설하지 말고 아내와 그것들을 나누라. 오직 그녀만을 사모하라. 그녀를 중심으로 생활을 설계하고, 그녀에게 집중적인 사랑을 쏟으라.

아내에 대한 헌신을 새롭게 다짐하고 결혼 생활에 대한 서약을 다시 가슴에 새기라. 말과 행동과 성에 대한 관심을 아내에게 맞추고, 육체적인 인간이 아닌 정신과 목표와 욕구와 마음과 감정을 가진 전인적 존재로 바라보라. 그녀는 단순히 몸을 지닌 한 인간이 아닌 주님의 살아 있는 자녀다. 그리스도가 보시듯이 그녀를 아름답고 존귀한 존재로 바라보아야 한다. 그녀를 알고 그녀와 함께하는 것이 특권인 것처럼 그녀를 대하라. 당신 세계의 중심으로서, 그리고 당신이 사랑하고 사모하는 유일한 여성으로서 아내의 합법적인 지위를 인정하고 받아들이라.

생각해보기

1. 하나님 다음의 존재로서 아내에게 우선순위를 두고 있는가?
2. 어떻게 하면 그녀를 더욱 사랑하고 소중히 할 수 있는가?
3. 어떻게 하면 아내를 완전하고 전인적인 존재로 바라볼 수 있는가? 그 의미는 무엇인가?

83. 성경 읽기 _ 잠언 5:18-19

절 대 자 와　홀 로　만 나 기

헨리 나우웬(Henry Nouwen)은 수많은 사람들의 인생을 바꾼 「고독의 영성(Out of solitude)」을 쓴 저자다. 그는 우리가 다른 사람들과 일 심지어 가족을 떠나 오직 하나님 아버지와 함께하는 고요한 묵상의 시간을 가질 필요가 있다고 강조한다. 지상에 계실 때 그리스도는 그런 방법으로 성부 하나님과 함께할 시간을 확보하셨다. '영적 리트릿'은 시간 부족이나 음식 준비로 신경을 쓰거나 관심이 분산될 일이 없고, 충분히 산책을 할 수 있는 곳에서 묵상의 시간을 갖는 것을 말한다.

나는 나의 영적 성장에 큰 도움이 되었던 방법을 많은 사람들과 나누어왔다. 준비하는 데 시간이 들지 않는 몇 가지 기초 식량을 준비하고, 성경과 연필과 종이를 준비하라. 그리고 충분한 산책 시간을 가지면서 주님이 들려주시는 말씀에 귀 기울이라. 마음에 깊이 와 닿는 성경 구절들을 읽으라. 성령이 인도해주실 것이다. 깨달은 말씀을 적으라. 의문이 생기는 것을 적어두라. 마음의 흐름을 따라 자연스럽게 행동하라. 정해진 형식은 특별히 없다. 내가 좋아하는 방식을 다른 사람은 좋아하지 않을 수도 있다. 첫날이나 첫 몇 분간은 어색하게 느껴질지 모른다. 하지만 일단 방법을 습득하고 하나님과 홀로 만나는 그 시간에 익숙해지면, 그 시간이 얼마나 우리 영혼의 아픈 곳을 어루만지며 풍성한 기쁨을 누리는 시간이 되는지 알게 될 것이다.

그 누구도 데려가지 말라. 오직 하나님과만 있어야 한다. 오직 아버지와 당신만이 집중적으로 함께하는 시간을 가져야 한다. 관심을 분산시키는 그 어떤 것도 가져가서는 안 된다. 텔레비전이나 라디오, 영화도 안 된다. 오직 당신과 주님만 함께하는 시간이어야 한다. 그때는 당신이 그분의 말씀을 깊이 귀 기울여 듣고, 주님이 당신의 말을 귀 기울여 들어주시는 시간이다.

가능한 한 빨리 영적 리트릿을 계획하라. 하나님이 당신에게 무슨 말씀을 하시는지 들어보라. 중독을 이길 힘을 공급받으라.

생각해보기

1. 영적 리트릿을 계획하라. 그 시간이 어떤 시간이 될 것 같은가? 어디로 가고 싶은가? 언제 그 시간을 가질 것인가?
2. 이 리트릿을 통해 얻고 싶은 것은 무엇인가?
3. 하나님이 주시고자 하는 것을 가슴을 열어 받아들이고 기도할 마음이 있는가? 중독을 치유받는 데 그분의 도움을 받고자 하는 간절하고 적극적인 마음이 있는가?

84. 성경 읽기 _ 다니엘 9:3

회복을 돕는 격려 그룹

회복을 도와주는 모임들이 있다는 건 긍정적인 면과 부정적인 면 모두를 갖고 있다. 격려 모임의 장점은 같은 상황에서 같은 길을 가는 동료들이 있다는 것이다. 그들을 통해 자신의 고통을 쉽게 확인할 수 있다. 회원들은 서로에게 필요한 정보와 경험들을 공유할 수 있다. 무엇보다 외롭지 않다. 단점이 있다면 때로 해결책을 말하기보다 문제점을 늘어놓는데 더 많은 시간을 허비할 수 있다는 것이다.

반드시 확고한 목표 의식을 가진 리더가 있는 모임에 가입해야 한다. 어떤 교회에서 특별한 한 그룹을 본 적이 있다. 그 모임은 좌초하고 있었다. 장님이 장님을 인도하고 있다는 것이 점점 명확해졌다. 물에 빠진 사람이 물이 빠진 사람들을 건져주려고 애쓰는 셈이었다. 스스로 음란물 중독을 극복한 경험이 있거나, 음란물 중독에 빠진 경험은 없지만 효과적으로 모임을 이끌 수 있는 사람이 리더가 되어야 한다. 어떤 모임에 가입할지 신중하게 선택하고 골라야 한다.

지역 교회, 포커스 온 더 패밀리(Focus on the Family), 약속을 지키는 사람들(Promise Keepers)에서 추천하는 모임들을 이용하면 좋다. 치료사들도 클리닉에서 모임들을 주선해줄 것이다. 집과 가까운 곳에 어떤 모임이 있는지 찾아보고 꼼꼼하게 점검해보아야 한다. 하지만 그 모임이 성경적 원리를 기반으로 한 모임인지, 뚜렷한 목적과 의식을 가지고 있는지 확인해야 한다. 모임의 최종적 목표는 책임감을 갖고 서로를 지지하며, 다시 중독에 빠지지 않고 성공적으로 중독을 극복하는 것이다. 만나면 서로 신세 한탄이나 불평만 하고, 사교적 만남만 이어가는 모임이라면 가입하고 싶지 않을 것이다.

모임은 긍정적인 면과 부정적인 면을 동시에 갖고 있다. 가입하기 전에 각 모임을 꼼꼼하게 평가해보아야 한다. 내가 보기에 부정적인 모임의 일부 특징은 참가자들이 솔직하게 자신을 드러내지 않고 에둘러 말하며 서로에게 진실로 마음을 열지 않는 것이다. 남 이야기를 하듯이 이야기하거나 원하는 바를 정확하게 표현하지 않는다. 변죽만 울린다. 그러므로 문제를 직접적으로 다루고 정직하게 서로를 드러내는 사람들로 이루어진 모임을 찾아야 한다. 또 다른 어려움은 정직하게 자신을 드러내는 데 시간이 걸린다는 점이다. 모임의 구성원들을 신뢰하는 법을 배워야 한다. 그러기 위해서는 시간이 흘러야 한다. 그런 이유로 사람들은 모임에 참가하길 꺼리거나 꾸준하게 참석하지 않으려 한다. 별로 도움이 되지 않는다고 말한다. "세 번이나 가보았는데, 이제 더 이상 가고 싶지 않습니다." 쉽게 포기하지 말고 그 모임이 서로에게 유익한 모임이 되도록 노력해야 한다. 다른 회원들과 마음으로 만나고 직접적으로 문제를 드러내며 성실하도록 노력하라.

지금 들려줄 안타까운 이야기는 당신을 낙심시키기 위해 하는 것이 아니다. 오히려 확고한 지침을 갖는 데 도움이 될 거라 생각한다. 덕(Doug)이라는 한 남성은 자신이 음란물에 중독되었다는 사실을 드러내는 게 매우 두려웠다. 그의 아내는 중독자 모임에 참석해보라고 계속 성화를 부렸다. 마지못해 그는 모임에 참석했고 마음을 열고 자신의 이야기를 들려주었다. 하지만 또 다른 참석자인 마이크(Mike)는 그 모임에서 들은 이야기를 아내에게 말해주었다. 곧 교회의 수많은 사람들이 덕의 문제를 알게 되었다. 기밀 유지의 원칙이 깨진 것이다. 덕은 상처를 입었고 분노했다. 모욕감을 느꼈고 정죄받는다는 생각이 들었다. 결국 그는 교회를 떠났다. 당신이 참석하는 모임에 분명하게 정해진 규칙들이 있는지 확인하라. 그 규칙에는 기밀 유지, 신뢰, 솔직함, 판단 금지의 원칙들이 포함되어야 한다. 장기적으로 승리하기 위해, 중독을 극복하고자 하는 각 구성원의 헌신적인 노력이 있어야 한다.

어떤 모임들은 점점 더 성장하기 때문에 수년간 지속될 것이다. 이 책과 같은 다양한 책들을 읽고 실천할 수도 있다. 당신이 가입한 모임이 실제적인 노력을 하고 있는지 확인하라. 신뢰할 수 있는 환경을 조성하고, 가치 있는 일에 도전하는 것을 두려워하지 말라.

생각해보기

1. 구체적으로 어떤 식의 모임을 찾고 있는가? 어떤 특성을 가진 모임이어야 당신의 필요가 충족될 수 있는가?
2. 집과 가까운 곳에 있는 모임들 중, 만남 시간과 모임의 목적에 대한 자신의 기준에 부합하는 모임이 있는가? 찾아보라.
3. 모임의 리더를 꼼꼼히 살펴보라. 신실한 신앙인인가? 명확한 목적의식을 갖고 있는가? 자신이 말하고 있는 내용을 스스로 잘 알고 있는가? 문제의 핵심을 건드리고 있는가? 아니면 피상적인 것만 건드리는가?
4. 그 모임은 문서화된 목표나 기준, 일정 또는 각 구성원들이 자신의 상태와 진보를

확인할 수 있는 지표들을 갖추고 있는가? 객관적인 측정 도구들이 있는가? 모임의 구성원들이 뒤를 돌아보면서, 지난 6개월 혹은 지난해 각 단계대로 실천했을 때 원하는 목표를 이루었다고 말할 수 있는가? 사람들은 객관적이고자 하는 성향을 갖고 있으며, 결과를 확인하고 싶어 한다. 이러한 특성들이 그 모임의 분명한 계획에 포함되어 있는지 확인하라. 그러면 더욱 생산적인 결과를 얻을 수 있을 것이다.

85. 성경 읽기 _ 잠언 27:17

분별력

　분별력은 회복에 꼭 필요하다. 당신의 이야기를 마음 놓고 털어놓을 수 있는 사람들을 찾아보라. 그러나 중독 사실을 절대 알려서는 안 되는 사람들을 잘 구별하는 것도 그 못지않게 중요하다.

　대중 매체와 토크 쇼에서 음란물에 대한 논의가 활발하게 이루어지고 있지만, 우리는 자신의 중독 사실이나 개인적인 생활의 세세한 내용에 대해 사생활을 보호받을 권리가 있다. 올바로 다루어야 하는 일이기 때문이다. 이것은 운동을 하겠다거나 체중을 줄이고 금연을 하겠다는 등의 새해 결심을 밝히는 문제와는 매우 다르다. 그런 결심들은 사회적으로 쉽게 수용되는 생활의 변화다. 그러나 직장 동료나 교회 성도에게 음란물을 끊겠다고 털어놓을 경우 사람들로부터 매우 다른 반응을 얻으리라는 건 각오해야 한다. 중독 사실을 털어놓을 때, 상대방이 당신을 판단하지 않고 받아들여줄 만한 사람인지 꼭 확인하라. 음란물 중독 사실을 솔직하게 털어놓아도 될 사람들인지, 또한 자신이 중독을 다루는 방법이 적절한지 확인하라.

　그리고 반대 입장에 서서 중독에 빠진 다른 사람들을 볼 때는 민감하고 세심하게 주의를 기울여야 하지만, 자신의 수준에 맞게 적절하게 반응해야 함을 기억하라. 당신 역시 회복을 위해 노력 중이기 때문에 세상을 '구하는' 일은 당신이 할 일이 아니다. 중독은 사람마다 차이가 있으므로 중독을 다루는 방식이나 사람들의 시선도 다르다. 이런 관심 때문에 오히려 회복하려는 노력이 지연되거나, 상처를 입고 다시 고립되는 생활에 빠지지 않도록 조심하라. 회복의 과정이 시작되었기 때문에 현재 즐기고 있는 자유가 위축되지 않는 선에서 다른 이들에게 관심을 가져야 한다.

생각해보기

1. 내가 음란물에 중독된 사실을 털어놓아도 될 곳이나, 또는 털어놓기에 적합하지 않은 곳은 어디인가?
2. 중독 사실을 누군가와 나누고 싶은 이유는 무엇인가? 동정심을 사고 싶어서인가? 아니면 필요한 도움을 얻고 싶어서인가?
3. 그 사실을 털어놓을 때 얻게 될 손해나 혜택이 있다면 어떤 것인가?

86. 성경 읽기 _ 잠언 3:21-22

전문가를 통한 치료 과정

음란물 중독으로 당신이 어떤 어려움과 씨름하는지 이해하는 전문가를 만날 수 있다면, 치료 요법은 매우 효과적인 도구가 될 수 있다. 전문가를 선택하는 과정은 다소 시간이 소요된다. 보험 회사에 비용을 문의하고 자신에게 전문적인 도움을 줄 만한 적절한 치료사를 선정하는 시간도 필요할 것이다. 전문가를 선정할 때 그들의 전공과 치료 경험을 문의해보는 것이 필요하다. 성 중독 전문가에게 치료를 받아야 필요한 도움을 제공받을 수 있기 때문이다.

치료 과정은 성실하고 진지해야 한다. 당신은 정직하게 자신을 드러내고 치료사는 당신의 중독과 관련해 모든 것을 알아야 한다. 치료사가 환자를 판단하거나 비판하면 안 된다. 그를 만나는 게 안전하다는 마음이 들어야 한다. 그는 당신이 가진 중독의 성격을 이해하고, 그것을 극복하는 데 필요한 기술과 도구를 제공해줄 수 있어야 한다. 전문가라면 단순히 들어주는 이상의 도움을 줄 수 있는 사람이어야 한다. 환자에게는 끊임없이 도덕적으로 훈시하고 설교하는 데 시간을 보내지 않는 훈련된 전문가가 필요하다. 훈계하고 설교하는 전문가라면 많은 사람들이 치료 과정을 중도에 포기할 것이다.

끝까지 중독을 극복하도록 도와줄 전문가와 성실하고 진지한 관계를 발전시켜가야 한다. 당신의 고통에 귀 기울이고 무엇 때문에 중독이 유발되고 악화되는지 이해하는 사람이어야 한다. 왜 그 중독 행위에 집착하는지 파악하고 회복에 이르도록 방법을 제시해줄 수 있어야 한다. 자신감을 갖고 "처음에는 걸음마를 배우는 아기처럼 서투르겠지만 해낼 수 있습니다"라고 말할 수 있도록 도와주는 사람이어야 한다. 당신은 희망이 있으며, 다람쥐 쳇바퀴 도는 무기력한 상황에서 벗어나 회복될 수 있음을 믿어야 한다.

치료는 많은 사람들에게 도움이 된다. 어떤 사람에게는 전문가의 도움을 구하기까지 긴 시간이 걸리거나 극적인 사건이 필요할 수도 있다. 하지만 그때까지 기다리지 않는 게 좋다. 가능한 한 빨리 도움을 받으라. 그래야 고통을 줄일 수 있고 회복 기간도 앞당길 수 있다.

노련한 전문가는 당신이 아무리 심각한 상태라 해도 결코 충격을 받지 않는다는 것을 기억하라. 나의 경우 수백 명이 넘는 사람들이 내 상담실을 찾았다. 그들은 온갖 가능한 수준의 성적 죄를 저지른 사람들이었다. 당신의 습관이 아무리 비정상적이고 중독 수준이 심각하다 해도, 신뢰할 수 있고 자신의 상태를 그대로 드러낼 수 있는 치료사들이 있다. 남성들, 특별히 성적 중독자들인 경우 남자 치료사를 찾는 게 최선이다. 성경에서는 도움이 필요한 남자들은 교회나 공동체의 장로들을 찾아보라고 권한다. 치료사가 여성일 경우 서로 대화를 하다보면 감정이 전이될 수 있다. 문제를 드러내는 과정에서 특별히 자기 경험을 생생하게 전달하다보면 환자가 성적으로 흥분하고 감정 전이가 발생한다. 당신을 이해하고 당신의 중독을 인격적으로 다룰 경건한 사람을 찾아야 한다.

전문가와 세 번 정도 상담 시간을 갖거나, 음란물을 집과 컴퓨터에서 제거하거나, 혹은 아내에게 중독 사실을 털어놓으면 그것으로 할 일이다 끝났다고 생각하는 사람들이 많다. "이제 다음 단계로 넘어가자. 다른 일을 해보자. 계속 상담받을 필요는 없어." 중독은 말 그대로 중독임을 기억하라. 중독의 성격을 이해해야 한다. 그러므로 치료는 보통 1주일에 한 번씩 6개월에서 1년 정도의 시간이 걸리며, 때로는 더 걸릴 수도 있다. 치료사가 문제의 원인이나 뿌리, 중독을 촉발시키는 요인들을 다루고자 해도 놀라지 말라. 두세 번의 치료도 물론 도움이 되겠지만, 핵심 원인들을 다루기에는 터무니없이 부족한 시간이다. 그 정도에서 만족하고 치료를 멈추면 다시 중독에 빠질 위험이 있다. 때로는 이전보다 훨씬 더 심각한 상황에 빠지기도 한다.

생각해보기

1. 치료 과정을 통해 얻고자 하는 것이 무엇인가?
2. 두려워하는 것은 무엇인가?
3. 어떤 전문가에게 도움을 받을 것이며, 어떤 방식으로 전문가를 선정해서 도움을 받으려고 하는가?

87. 성경 읽기 _ 이사야 57:18

하나님에 대한 책임

　우리는 각자 주님 앞에서 우리가 내린 선택들을 낱낱이 고하고, 그 선택에 대해 책임질 날이 온다는 것을 깨달아야 한다. 음란물 중독에 빠지면 때로 그 사람의 양심이 마비될 수 있다. 음란물 사용을 합리화하고 변명하며 정당화한다. 별로 심각한 문제가 아니며 삶에 장기적인 영향을 받지 않는다고 스스로를 설득시키고자 갖은 애를 쓴다.
　성경은 마음의 눈이 멀거나 무감각해질 수 있다고 말한다. 양심도 마찬가지다. 디모데전서 4장 2절에서 주님은 무감각하고 화인맞은 양심에 대해 말씀하신다. 자신의 중독에 대해 점검해야 할 한 가지는 현재 상태와 그로 인해 삶에 끼친 영향이다. 당신의 행동이 어떤 결과를 초래하고 있는지 살펴보아야 한다. 아내를 대하는 태도나 자녀를 양육하는 방식에 책임을 져야 한다. 그리스도인으로서 신앙 생활과 성령의 열매를 드러내는 데 책임을 져야 한다.
　우리가 인정하든 인정하지 않든, 이 세상에 태어난 이상 각자에게 반드시 심판의 날이 찾아온다. 인생을 바치기로 선택한 일들에 대해 마음과 모든 삶을 점검받는 날이 올 것이다. 이 날을 두렵게 생각하고 무시해서는 안 된다. 매일 그리스도의 용서하심을 받으면 상관없다고 생각하고 그분을 우롱해서는 안 된다. 우리 주님은 바보가 아니시다. 오히려 어리석은 선택을 한 후, 그 행동의 대가를 치를 날을 기다리는 우리가 바보이다.

어떤 유산을 남길지 돌아보고 가족과 이웃과 교회 친구들과 직장 동료들에게 어떤 사람으로 기억되기를 원하는지 고민해보라. 갑자기 남편을 잃은 한 여성이 있다. 그녀의 남편은 화려한 경력과 번듯한 가정을 가진 40대 초반의 성공한 남자였다. 그녀가 남편의 재산과 사업을 정리하기 위해 그의 지갑과 서류 가방과 사무실 서랍, 컴퓨터 파일을 열어보았을 때 행여 부끄러운 삶의 흔적들이 남아 있을 가능성도 있었다. 그러나 이 사람은 아내와 가족을 사랑했고 자신을 존중한 성실한 사람이었다. 그의 명성에 누가 되거나 그가 남긴 자랑스러운 유산에 흠집이 날 만한 어떠한 것도 발견되지 않았다. 당신도 이러한 유산을 남기게 되기를 기도한다.

생각해보기

1. 당신의 양심이 마비되고 완악해지지는 않았는가?
2. 언젠가 자신의 행위에 책임을 져야 한다는 사실을 믿는가? 어떤 일에 책임을 져야 한다고 생각하는가?
3. 자신의 행동에 책임질 날이 오늘이라면, 주님을 대면할 준비가 되어 있는가?

88. 성경 읽기 _ 디모데전서 4:2, 로마서 14:12

아내에 대한 책임

남자들은 결혼 서약과 사랑 고백을 통해 아내와 언약을 맺고 헌신을 약속한다. 남편이 음란물에 심취해왔다는 것을 알게 되면 아내들은 심각한 모욕감을 느낀다. 책임을 지는 건 들켰을 때만 해당하는 것이 아니다. 그 전에도 당연히 책임 있게 행동해야 한다.

마음의 순결을 지키고 있는가? 부부의 침실이 더러워지지 않게 깨끗이 지키고 있는가? 여성들은 육감이 매우 뛰어나다. 상담실에서 많은 여성들이 이렇게 말하는 것을 수없이 들었다. "오래전부터 알고 있었지만 직면하고 싶지 않았어요. 불안했어요. 그래요. 남편이 변했다는 사실을 진작 알고 있었어요."

남자들은 단순히 법적인 의미에서만 자신의 행위에 책임을 져야 하는 것이 아니다. 마음속 깊이 아내를 사랑해야 할 뿐 아니라 그 마음이 변하지 않도록 지속적으로 점검해야 한다. 아내가 당신의 우선순위인가? 마음으로 가장 사랑하는 여자가 아내인가? 단순히 섹스 파트너가 아닌 한 인격체로 소중히 여기고 있는가? 아내를 소중하게 여기고 존중하는가? 그녀를 보호하고 지켜주며 보살펴주는가? 당신은 아내가 필요로 하는 하나님의 사람인가? 몸뿐 아니라 마음과 가슴으로 사랑을 표현하고 싶은 마음이 우러나오게 하는 남편인가?

결혼은 헌신이다. 평생을 함께하기 때문에 결혼 생활은 노력 없이 유지되지 않는다. 시간이 요구되고 창의적인 열성이 필요하다. 때로 누군가의 도움이 필요할 수도 있다. 매일 평생 동안 아내를 사랑하겠다고 의지적으로 선택해야 한다. 매일 자신의 욕구뿐 아니라, 아내의 욕구를 사려 깊고 낭만적인 방법으로 충족시켜주기 위해 노력해야 한다.

생각해보기

1. 아내가 당신의 진짜 모습을 알고 있는가? 숨기는 비밀은 없는가?
2. 아내를 소중히 여기고 존중하는가?
3. 서로에 대해 어떤 방법으로 책임을 지려고 노력하는가?

89. 성경 읽기 _ 히브리서 13:4

자신에 대한 책임

음란물에 빠져 있다는 사실은 그 누구와도 나누지 않는 비밀이다. 음란물을 즐긴다는 사실을 숨기려고 갖은 노력을 다했다. 차고의 상자 안에 꼭꼭 숨겨놓거나, 누구도 알아낼 수 없는 컴퓨터 비밀 번호를 만들어 아무에게도 당신의 비밀을 들키지 않으려고 애써왔다.

그러나 자기 자신은 안다. 마음으로는 자신이 거짓말을 하고 있음을 알고 있다. 죄를 짓고 있으며 추한 비밀을 숨기고 있음을 알고 있다. 이로 인해 자신감과 자기 존중감, 성적 자신감, 창의적이고 사랑할 수 있는 능력이 잠식당한다. 중독은 영혼을 질식시키고 때로 직장의 업무 능력이나 취미를 즐길 여유도 빼앗아간다. 음란물에 시간을 허비하다보면 한때 너무나 좋아하던 일을 할 시간마저 갖지 못한다. 잠을 앗아가고 자기 관리에 필요한 훈련들을 등한시하도록 만든다.

자신에 대해 책임을 지라. 두 발로 서서 이렇게 외치라. "이 모습은 내가 원하는 모습이 아니다. 나는 중독에서 벗어나야 한다. 나를 망치고 있다. 시간을 탕진하는 일이고, 값비싼 대가를 요구한다. 음란물을 사용하는 건 어떤 유익도 주지 않는다. 그러므로 이제 자리를 털고 일어나 중독에서 벗어나도록 도움을 받겠다. 나를 파멸시키고 있는 잘못된 일을 그만두겠다."

생각해보기

1. 거울 속의 자신을 보며 "이 일을 멈추어야 한다"라고 말해본 적이 있는가?
2. 무엇을 숨기고 있는가? 그 이유는 무엇인가?
3. 이것이 주변 사람들뿐 아니라 본인에게도 얼마나 파괴적인 영향을 미치는지 알고 있는가?

90. 성경 읽기 _ 히브리서 13:18

지속적으로 승리하기

"어떻게 그렇게 속고 살았을까요?" 팀(Tim)은 되물었다. 함께 커피를 마시면서 조각 같은 얼굴을 가진 이 서른 살의 남성과 나는 서로 알고 지낸 지난 세월을 되돌아보았다. 우리가 처음 만난 것은 8년 전이다. 어느 날, 그는 우리 사무실에 전화를 해서 자살을 하겠다고 말했다. 성 중독을 전문적으로 치료하는 병원이라는 소문을 들었고 자신에게 희망이 아직 있는지 확인하기를 원했다. 희망이 없다면 수면제를 털어넣고 세상을 하직할 참이었다.

그 다음 주부터 수개월 동안 팀에 대한 강도 높은 치료가 시작되었다. 그의 아내 줄리엣(Juliet)도 상담에 동참했다. 한동안 그들의 결혼 생활이 끝났다고 나 스스로도 체념했지만, 하나님의 은혜와 수많은 기적들을 통해 파국을 면하고 회복되었다. 팀은 음란물 중독에서 치유되었다고 스스로 느끼기까지 5년 동안 일대일 치료를 받았고, 꾸준히 중독자 모임에 참석했다. 지금 팀과 줄리엣의 결혼 생활은 어느 때보다 풍요롭다. 그리고 얼마 전에는 아주 사랑스러운 남자 아이를 입양했다. 이제 팀은 대학생 시절 자신이 음란물에 어떻게 중독되었고, 어떻게 기만당해왔는지 이해하고 있다. 더 중요한 건 어떻게 하면 승리하는 삶을 살 수 있는지 알게 되었다는 것이다. 실제로 다시 학교에 복학한 그는, 십대들과 청년들이 자신과 같은 덫에 빠지지 않도록 돕기 위해 청소년을 위한 카운슬러 과정을 밟고 있다.

완 치 란 없 다

    알코올, 도박, 마약, 음란물을 비롯한 모든 중독에 절대적인 완치란 없다고 확신한다.
    그러므로 지속적으로 중독을 이기기 위해서는, 결코 과거로 돌아갈 일은 없으며 다시는 유혹에 넘어가지 않겠다고 다짐해야 한다. 이제 완전히 해방되었으므로 조금만 즐기는 것은 괜찮을 거라 생각하는 그 순간, 다시 중독으로 미끄러진다. 무모함과 어리석음으로 자신의 아킬레스건(약점)을 드러내고, 스스로 공격의 빌미를 주게 되는 것이다. "이제 다 극복했다. 중독에서 완전히 해방됐다"라고 절대 방심하지 말라.
    중독은 다시 당신의 인생에 침투할 기회를 노리며 계속 잠복 중이다. 마음을 지키고, 결혼 생활에 충실하며, 스스로를 엄격히 훈련하는 일을 중단해서는 안 된다. 중독에서 완전히 자유로워질 수는 없다. 음란물에 대한 유혹은 결코 사라지지 않는다.
    유혹이 다시 표면으로 머리를 쳐들기 시작한다면, 이 책의 '중독 극복하기' 편으로 돌아가서 다시 꼼꼼히 읽으라. 앞으로 이 작업을 다시 시작해야 할지도 모른다. 괜찮다. 재교육이 필요하다는 건 알고 있을 것이다. 다시 중독에 빠지는 것보다 훨씬 낫다. 힘을 주시도록 주님께 구하라. 아내나 믿을 만한 친구에게 털어놓으라. 스스로를 고립시키지 말라. 필요한 지지를 받을 수 있도록 솔직하게 상황을 알리라.

생각해보기

1. 중독에서 완전히 벗어났다고 생각하는가?
2. 스스로를 속이고 있지는 않은가?
3. 어떤 방법으로 내 마음과 눈을 순결하게 지키고 결혼 생활을 보호하고 있는가?

91. 성경 읽기 _ 고린도전서 10:13

계 속 되 는 싸 움

중독의 본질은 그 끈질긴 지배력에 있다. 인생을 지배하려고 한다. 하지만 싸움을 포기하지 않는 한, 시간이 흐르면 분명히 나아질 거라는 사실을 아는 게 중요하다. 중독된 것을 멀리하는 시간이 길어질수록 분명히 더 나아질 수 있다.

그러나 당신을 음란물로 유인하는 것이 무엇인지, 늘 경계를 게을리 해서는 안 된다. 스트레스가 원인이라면 운동을 하라. 땀 흘려 운동하면 몸과 마음까지 상쾌해지고 튼튼해질 것이다. 마음을 편안하게 해주는 사람과 대화를 하거나, 그런 활동을 하라. 분노 때문에 음란물을 보게 된다면 분노를 직접적으로 다루라. 분노를 억압하거나 무시한 채 음란물에 빠지는 것으로 대체하지 말고 실제적인 원인을 다루라.

중독과의 싸움이 삶의 일부가 된다고 해서 당신이 약하다는 증거는 아니다. 각성하고 있다는 표시며, 중독에 빠질 여지를 최선을 다해 차단하고 늘 깨어 있고자 스스로를 다잡고 있다는 표시다. 덫에 언제라도 쉽게 빠질 수 있음을 인정함으로써 자신을 돌아볼 수 있고 중독에 빠지지 않고 건재함을 확인할 수 있다. "이번 주말까지 꼭 약속을 지키겠다. 이 고독한 결심을 꼭 이루고야 말겠다. 음란물 탐닉이라는 과거의 해로운 습관에 빠지지 않고 건강한 선택을 하겠다"라고 결심하라.

단기적이고 현실적인 목표를 세우라. 가령 다음과 같이 구체적으로 목표를 세워보라. "이번 1주일 동안에는 어떤 음란물도 일절 보지 않고 지내겠다." 그러면 한 주간을 되돌아보고 "정말 그대로 해냈구나"라고 구체적으로 평가할 수 있다. 그러고나서 그 기간을 두 주, 세 주 그리고 한 달로 늘려 잡으라. 실패에 연연하지 말고 성공한 것을 토대로 계획을 세우라. 지속적으로 싸워나갈 수 있도록 현실적인 목표를 세우는 것이 승리를 유지하는 비결이다.

생각해보기

1. 중독에 다시 빠지기 쉬운 때를 어떻게 알 수 있는가?
2. 음란물에 대한 유혹을 느끼면 어떻게 할 것인가?
3. 내가 세울 수 있는 단기적인 목표들은 어떤 것들인가?

92. 성경 읽기 _ 로마서 13:13-14

건강한 자아의 회복

영화 〈포레스트 검프(Forrest Gump)〉의 한 대사를 인용하자면, "행동이 건강해야 정말 건강한 법"이다. 이것은 중독에서 회복되고 있는 사람들뿐 아니라 누구에게나 적용할 수 있는 훌륭한 원리이다. 우리는 우리의 모든 삶이 건강해지도록 노력해야 한다. 돈 관리가 깔끔해야 한다. 집 안을 늘 깨끗이 정돈하고 생각과 성생활과 생활 습관이 더러움에 물들지 않도록 스스로를 돌아보아야 한다.

강박적인 수준의 자기 관리를 강조하는 것이 아니다. "내 인생을 잘 관리하고 있다. 대부분의 삶의 영역들을 주체적으로 관리하고 있다"라고 자신 있게 말할 수 있는 정도가 되어야 한다는 뜻이다. 이런 여타 영역들을 잘 관리할 때, 음란물 중독을 통제하는 일도 훨씬 쉬워진다는 것을 경험하게 될 것이다. 매일 어디서 멈추고 시작해야 하는지 알게 될 것이다. "내 인생의 목적을 알고 있다. 하나님이 무엇을 원하시는지 알고 있다. 내게 맡기신 일과 인생의 목적을 잘 감당하고 있다고 생각한다"라고 자신 있게 이야기할 수 있다.

다각도로 미래를 생각해보라. "이제 중독에서 벗어났고 사후 관리도 잘하고 있다. 그렇다면 내가 새롭게 꾸어야 할 꿈은 무엇인가? 새 날개가 생긴다면 어디로 날아가고 싶은가? 중독에 빠져 하지 못했던 일 가운데 이제 내가 새롭게 시작할 수 있는 일은 무엇인가?" 스스로의 인생을 위해 지금까지 걸어온 건강한 길을 마음껏 즐겨라.

생각해보기

1. 당신의 삶에서 온전하게 정돈해야 할 필요가 있는 영역은 무엇인가?
2. 건강한 사람은 매일매일 어떻게 살아가는 사람인가?
3. 더 건강해지기 위해 변화시켜야 할 부분이 있다면 무엇인가?

93. 성경 읽기 _ 잠언 21:21

재 발 방 지 계 획

중독에서 빠져나온 사람은 재발 방지 계획을 세워야 한다. 그 계획은 다음과 같은 질문에 대한 대답이 반영되어야 한다.

- 아내가 주말에 외출할 때 나는 무엇을 할 계획인가?
- 직장에서 여가 시간에 인터넷으로 무엇을 보는지 들킬 염려가 없는 기회가 생길 때 어떻게 할 것인가?
- 음란물을 대체할 만한 것은 무엇인가?

출장 중이라면 동료들과 저녁 시간을 어떻게 보낼지 구체적으로 계획을 짜라. 영화를 보러 가거나, 특정 전문점이나 박물관 혹은 해당 도시에서 제공하는 문화 행사를 관람하는 것도 한 방법이다. 무엇을 할 것인지는 크게 중요하지 않다. 하지만 중독 행위에 다시 빠지지 않도록 자신을 보호할 적극적인 계획을 세워야 한다.

음란물 중독은 종종 '반응형 행위(reactive behavior)'라고 인식된다. 시간이나 동기 혹은 기회 등이 있을 때 음란물을 보게 된다는 것이다. 중독에 빠져 있을 때는 음란물을 볼 수 있는 시간을 특별히 따로 마련하기 위해 노력한다. 이제 그런 기회를 갖지 않도록 계획을 세우고, 마음과 생각을 긍정적인 것으로 가득 채워 삶의 질을 높여가야 한다. 승리하겠다는 결심이 무너질 만한 위험한 상황에 빠지지 않도록 노력하라.

계획이 성공하기 위해서는 책임을 지고 지지해줄 파트너가 필요하다. 규칙적으로 근황을 점검해주는 사람이 있으면 좋다. 계획의 또 다른 핵심 요소는 격려하고, 기도해주며, 함께해 줄 사람을 한두 명 이상 두는 것이다(아내가 아닌 다른 사람). 이들은 회복 과정에서 당신을 도와주고 지지해주며 "아주 잘해내고 있습니다. 당신이 이 과정을 무사히 통과할 수 있도록 도움이 되어드리겠습니다"라고 말해주는 사람이어야 한다.

마지막으로, 계획이 실제적으로 성공하기 위해서는 그 계획을 충실히 이행할 때, 주어질 보상이 무엇인지 확인할 필요가 있다. 음란물의 유혹에 넘어가지 않고 자신을 지킬 때 어떤 보상을 얻을 수 있는가? 이런 습관을 버릴 때 얼마나 많은 돈이 절약되는가? 중독에 깊이 빠져 있을 때 제쳐두었던 취미 생활이나, 가족을 위해 할애할 수 있는 시간이 얼마나 늘어날 것인가? 긍정적인 결과를 예상할 때, 당신의 계획이 잘 세워졌다는 것을 확인할 수 있을 것이다.

생각해보기

1. 어떤 계획을 세웠는가?
2. 재발 방지 계획이 필요한 환경은 어떤 경우인가? 어떤 상황이나 환경, 혹은 핑계 거리가 생길 때 음란물에 가장 쉽게 빠졌는가?
3. 이 계획으로 건강한 생활을 유지하는 것이 가능한가? 유혹에 빠질 수 있는 허점이 보이지는 않는가?

94. 성경 읽기 _ 잠언 14:22-23

멋 진 보 상

　멋진 보상이란 정서적으로 영적으로 이 중독에서 완전한 자유를 누리는 가운데, 음란물을 볼 때 느끼던 쾌락과 비교되지 않는 관계를 아내와 나누는 것이다. 바로 눈앞에서 함께 호흡하며 이야기하는 사람, 정서적으로, 육체적으로, 영적으로 교감할 수 있는 사람과의 관계를 누리는 것이다.

　정말 멋진 보상이다. 거짓과 기만으로 얼룩진 경험과 비교할 수 없는 놀라운 관계다. 그때 당신은 깨닫게 될 것이다. "내가 무슨 생각을 하며 살았던 거지? 지금 이렇게 만족스럽고 행복한데 왜 그런 거짓말에 속아 살았을까?"

　당장은 음란물을 통해 맛보았던 그 황홀함을 잃는다는 것에 아쉬움이 있다 해도, 건강한 관계를 경험하면 진정한 관계의 풍성함이 어떤 것인지 깨닫게 될 것이다. 하나님이 주시는 건강한 결혼 생활은 순수하고 즐거우며 풍성한 자유를 가져다준다.

생각해보기

1. 어떻게 하면 아내와 그런 관계를 나눌 수 있는가?
2. 음란물에서 자유로울 때 어떤 점이 좋은가? 어떤 말로 그것을 표현하고 싶은가? 그것이 당신의 인생에서 갖는 의미는 무엇인가?

3. 음란물에서 벗어나면 아내와의 관계가 완전히 달라진다. 당신은 인생의 그런 변화를 어떻게 누릴 것인가? 더 이상 음란물의 속박에 매여 있지 않는 삶에 대해, 매일 하나님과 아내에게 어떻게 감사할 것인가?

95. 성경 읽기 _ 빌립보서 4:8-9

베풀고 돕는 삶

베풀면 항상 넘칠 정도로 돌아온다. 본인도 성장하고 도움을 받은 사람들도 성장한다. 그리고 그런 이어짐을 통해 모두가 더 행복해진다. 사람들에게 베풀면 스스로에 대한 자부심과 의미 있는 인생을 살고 있다는 뿌듯함이 생긴다. 음란물을 탐닉하는 일은 매우 이기적이고 자기중심적인 행위다. 오직 자신에게 초점이 맞추어져 있다. 누군가를 돕는 것과는 전혀 무관한 일이다.

이웃이나 가족, 교회 혹은 도움이 필요한 조직이나 개인에게 손을 내밀고 베풀 때 더 건강해지고 더 강해진다. 자신에게서 눈을 돌리게 해준다. 시간이 흘러 중독에 빠졌던 과거를 되돌아보며 이렇게 말하는 자신을 보게 된다. "무슨 생각을 하고 있었던 거지? 훨씬 더 의미 있는 일을 할 수 있는데, 실제적으로 사람들을 돕는 일을 할 수 있는데, 왜 그런 쾌감을 얻지 못해 안달했던 거지?"

생각해보기

1. 도움을 주고 베풂으로써 당신의 이기적인 모습을 버릴 수 있는 대상이 있는가?
2. 당신의 중독 경험을 살려 멘토로서, 혹은 코치나 지지자가 되어 음란물 중독에서 빠져 나오도록 도움을 줄 만한 사람이 있는가?

96. 성경 읽기 _ 고린도후서 9:13-15

아내에 대한 감사

중독에서 지속적으로 승리하기 위해서는 소중한 아내를 사랑스럽고 아름답게 바라보아야 한다. 부부로서 두 사람은 힘든 싸움을 함께 감당해왔다. 이제 그녀를 세워주고 존중해주어야 한다.

누구나 약점이 있고 성장이 필요한 영역이 있지만, 아내를 소중히 여기며 그 관계를 새롭게 세우는 노력은 꼭 필요하다. 최선을 다해 아내에게 관심을 기울이고 오직 하나님 다음으로 당신의 사랑과 시간을 투자해야 한다.

아내와 대화하라. 물질적으로, 정서적으로, 영적으로 아내에게 필요한 것이 무엇인지 물어보라. 당신을 신뢰하도록 하려면 무엇을 해야 하는지 물어보라. 결혼 생활을 회복하기 위해 무엇이 필요한지 물어보라. 마음을 다해 귀 기울이고 아내의 요구에 성실하게 부응하라. 인생의 새로운 이 기회를 열정적이고 활기차게 맞이하라.

아내를 존경하는 것이 승리의 비결이다. 아내와 깊고 인격적인 우정을 가꾸어나가야 한다. 아내가 당신의 유일한 연인이 되어야 한다. 당신이 오직 자신만 원하고 있다는 확신이 들도록 해야 한다. 마땅한 존경과 존중을 보여주어야 한다.

생각해보기

1. 어떻게 하면 아내를 더욱 존중할 수 있는가?
2. 아내에게 힘을 주고 존중하기 위해 어떻게 해야 하는가?
3. 음란물을 보는 것보다 아내와 함께하는 것이 훨씬 더 만족스럽다는 사실을 어떻게 하면 아내에게 확신시켜줄 수 있는가?

97. 성경 읽기 _ 에베소서 5:25-28

외부인과의 관계 구축

이 마지막 단원에서 계속 강조하는 말이지만, 건강한 생활을 유지하는 비결은 건강한 선택을 하는 것이다. 앞에서도 다룬 적이 있지만 가장 중요한 단계는 아내에게 못했던 것들을 보상해주고, 중요한 그 관계를 튼튼히 구축하는 것이다. 나아가 결혼 생활 외에 다른 사람들과 건강하고 유쾌하며 활발한 교류를 나누고, 지성을 기반으로 한 관계를 만들어야 한다. 시간과 생각을 투자해도 헛되지 않고 더 보람되다는 자부심이 느껴질 친구들을 사귀고 활동해야 한다.

지금 당신은 음란물에 중독된 생활을 건강한 생활 방식으로 교체하는 훈련을 하고 있다. 그 노력에는 건강한 사람들과의 교제도 포함된다. 야한 농담이나 음란물과 관련된 어떤 대화도 원하지 않는 사람들과 교제해야 한다. 당신은 당신과 아내가 용기와 희망을 가질 수 있고, 정서적으로 심리적으로 그리고 지적으로 성장하는 데 도움이 되는 사람들과 함께 있기를 원한다. 새롭고 신선한 환경을 원한다.

지속적인 승리란 건강한 생활을 유지하는 것을 말한다. 이는 음란물로부터 완전히 보호받는 관계를 가진다는 뜻이다. 새로운 친구들을 사귀려면 공통된 관심사를 가진 사람들을 만나는 게 가장 좋다. 볼링을 좋아하면 볼링 동호회에 가입하라. 자전거 타기를 좋아하면 동네에 자전거 동호회가 있는지 알아보라. 골프를 좋아하면 직장이나 교회에서 이번 토요일에 골프를 칠 의향이 있는지 사람들에게 물어보라. 내성적인 사람들이라면 소모임으로 시작하는 것이 좋다. 공통된 취미 활동으로 우정을 나눌 수 있는 사람을 찾아보라. 그 상태에서 머물러 있으면 안 된다. 사람들과의 교류가 없고 고립되어 있다면 또다시 음란물을 친구로 의지할지 모른다.

부부들은 공통된 관심사를 가진 다른 부부들과 모임을 가질 필요가 있다. 같은 교인이라면 서로의 가정을 방문하면서 각별한 사이로 발전될 수도 있다. 이것은 효과적인 교제 방법이지만 유일한 방법은 아니다. 자원봉사를 할 수 있는 곳이나 기관을 찾아보는 것도 한 가지 방법이다. 중독에서 벗어나 새로운 눈으로 세상을 둘러보면 기회는 얼마든지 있다.

생각해보기

1. 어떤 사람들과 새롭고 신선한 교제를 하고 싶은가?
2. 어떤 관계를 구축해야 기존의 관계보다 더 튼튼한 관계를 가질 수 있는가?
3. 새롭게 친구를 사귀고 새로운 관심사를 개발함으로써 더욱 도전적이고 보람된 생활을 할 때, 당신과 당신의 가정이 성장하게 되는 이유는 무엇인가?

98. 성경 읽기 _ 빌립보서 1:27

하나님과 동행하는 삶

우리 주님과 동행하면 음란물에서 벗어나 승리하는 삶을 살 수 있다. 그러기 위해서는 자신의 힘으로 중독을 극복하는 게 불가능하다는 것을 알아야 한다. 성령과 그리스도와의 관계를 통해서 승리를 얻어야 한다. 성경을 읽고, 교회를 통해 건강한 활동에 참여하며, 하나님께 영광돌리는 관계들을 가질 때 승리하게 된다.

그것은 주님과 동행하며 "아버지, 날마다 승리하기를 원합니다. 아버지께 영광돌리기를 원합니다. 저의 승리에 대해 당신께 감사하기를 원합니다"라고 말하는 것이다.

생각해보기

1. 어떻게 하면 하나님과 당신의 관계가 더욱 성장할 수 있겠는가?
2. 날마다 건강한 양식을 공급받고 있는가?
3. 나를 자유하게 하시고, 중독을 이기게 도와주신 주님께 감사하고 있는가?

99. 성경 읽기 _ 고린도후서 7:1

반복해서 실천하기

음란물 중독에 다시 빠지지 않기 위해서는 반복적인 실천이 필수적이다. 스스로에게 이렇게 질문해야 한다. "취약점이 어디인가? 중독이 재발하지 않기 위해 생활 속에서 보완이 필요한 부분은 어디인가? 중독에 다시 빠지지 않기 위해 어떤 것을 피해야 하는가?"

이런 작업을 반복함으로써 자신이 중독에 빠졌다는 사실을 결코 망각하지 않도록 스스로를 타이르고 있는 것이다. 하지만 자존감을 회복해야 한다. 스스로에 대해 자부심을 갖고 결혼 생활과 사람들과의 관계와 생활을 개선할 수 있는 방법들을 찾아보아야 한다. 당신을 파괴하고 무너뜨리려고 한 그 '괴물'을 결코 가까이하지 않겠다는 의식적인 결단을 내려야 한다.

결단의 발걸음을 내디뎌야 한다. "틈만 나면 가던 사이트들에 접근하지 않도록 컴퓨터에 안전망을 설치하겠다. 'R등급의 영화일 뿐이야'라고 합리화하면서, 성인 영화를 보고 욕구를 충족시키지 않도록 완전히 다른 장르의 영화를 보겠다. 기필코 중독에서 완전히 자유로운 삶을 살겠다. 매일 더 건강하고 나은 선택을 내리겠다. 승리하리라고 확신한다."

생각해보기

1. 계속 반복해야 할 일은 무엇인가? 다시 훈련해야 할 부분들은 무엇인가?

2. 다시는 중독에 빠지지 않기 위해 늘 각성하며 깨어 있으려면 어떻게 해야 하는가?

3. 다른 사람에게 이런 방법들을 전수함으로써, 그들도 더 강인해지도록 도울 수 있는 방법이 있는가?

100. 성경 읽기 _ 유다서 20-23절

영적 전쟁: 유혹

잘못된 습관을 고치고 주님 안에서 자라기 위한 노력을 시작하며 더 헌신하고자 결단하면, 혹은 주를 위해 봉사하고 그의 나라를 위해 일하고자 작정하면, 사단의 방해가 시작될 것이다. 중독을 극복하고 성장하지 못하도록 막을 것이다. 솔직히 말해, 사단과 그의 부하들은 우리가 하는 선한 일을 어떻게 해서라도 망치려 할 것이다. 그들은 우리가 패배하는 데서 기쁨을 맛본다. 그러므로 중독을 치료하는 과정이나 음란물 중독에서 벗어나고자 노력할 때 포기하고 옛날처럼 살고 싶다는 유혹이 점점 더 심해지고 집요해지더라도 놀라지 말라. 사단은 당신이 성공하는 것을 원하지 않지만, 주님은 분명히 원하신다. 아내나 가족들과 친구들도 당신의 회복을 기대하며 응원하고 있다.

회복의 이 단계는 꿈에 그리던 새 차를 마침내 구입했을 때와 매우 흡사하다. 도로에 나가면 갑자기 당신의 차와 똑같은 차들만 눈에 들어온다. 이전에는 이 모델의 차를 사람들이 얼마나 몰고 다니는지 전혀 관심을 갖지 않았다. 중독에서 해방되기 시작할 때도 이와 비슷한 일을 경험한다. 눈이 열리고 마음이 열리며 세상의 모든 것에 더욱 민감해진다. 싸움이 점점 더 힘들어지는 것 같지만, 실제로는 중독을 극복하기 위해 세운 계획을 그 어느 때보다 치열하게 실천하고 있는 것이다.

절대 포기하지 말라. 반드시 이 어두운 시기를 통과하고 깜깜한 터널을 빠져나갈 것이다. 그리고 마침내 놀라운 자유를 누리게 될 것이다.

생각해보기

1. 음란물 중독을 극복하기 위한 노력을 시작하면서 오히려 유혹이 더 심해지고 있다는 느낌이 들지는 않는가?
2. 유혹을 두려워하지 말라. 당신을 지지하고 격려하는 사람들이 있는가? 있다면 누구인가?
3. 유혹을 이길 힘을 주시도록 주님께 도움을 구하고 있는가?

101. 성경 읽기 _ 디모데전서 6:11

성공을 축하하라

마침내 음란물에서 완전히 해방되면 자신의 등을 두들겨주며 성공을 자축하라. 음란물 중독에서 벗어난 날을 매년 기념하라. 집안과 차고 혹은 컴퓨터에서 모든 음란물을 치우고 제거한 날을 잊지 말고 기억하라. 음란물에서 해방된 지 90일째, 6개월째 혹은 1년이 되는 날을 특별한 날로 정해 축하하고 기념하라.

알코올 중독 극복자 모임에서는 금주를 하고 난 첫 달, 둘째 달 혹은 1년째 되는 날 등을 기념한다. 시간표를 짜서 음란물을 보지 않고 지낸 날들을 정기적으로 점검하고 축하할 날짜를 정하라. 아내와 외식을 하거나 부부만의 달콤한 시간을 가지는 것으로 축하하는 것도 좋다. 스스로에게 상을 주는 것도 추천하고 싶다. '이렇게 대견한 일을 해낸 스스로를 축하'할 수 있는 무언가를 하고 싶을 것이다.

성공한 지 일주일 혹은 이틀 후라도 친구에게 전화를 해서 스포츠 경기를 관람하러 가거나, 아내와 근사한 저녁을 먹고 데이트를 해보라. 한 달이나 두 달이 지나면 형제나 교회 친구들과 낚시 여행을 가는 것도 괜찮다.

성공을 축하하며 자신에게 선물을 주라. 자신만을 위한 선물도 좋고, 신형 잔디 깎기 기계와 같이 가정에 필요한 물건도 좋다. 아내와 함께 당신의 성공을 축하하라. 두 사람에 대한 보상으로 부부가 함께 주말여행을 가는 것도 좋은 생각이다. 자신과 아내에게 "한때는 중독에 빠져 허우

적거렸지만 더 이상 그런 일은 없을 것이다. 중독에서 벗어날 힘을 주신 하나님께 감사하며, 우리 부부에게도 축하를 보낸다"라고 할 만한 기억에 남는 일을 하라.

성공을 축하할 때 주님께 감사하는 일을 잊지 말라. 중독에서 벗어날 힘을 주시고 변치 않는 사랑을 보여주신 분이다. 매일 당신을 붙들어주고 보호해주신 분이다. 그분께 찬양을 돌리고 성공을 축하할 때 항상 기억하라.

당신이 회복되는 데 지원과 격려를 아끼지 않은 가족들과 친구들도 축하 과정에 참여해달라고 부탁하라. 그들과 함께 즐거운 시간을 가지라. 행동으로 그들의 지원과 도움에 감사하는 마음을 전달하고 실제적인 변화를 보여줄 수 있다.

승리를 축하하는 시간들을 통해 중독을 극복하기 위한 노력이 더욱 값지고 소중해질 수 있다. 중독에 대한 아쉬운 마음을 달래거나 옛 습관과 옛 친구들을 그리워하며 시간을 허비하지 않을 것이다. 이제 그 친구와는 비교가 안 되는 친구가 생겼다. 이제 온전하고 풍성한 삶을 실제적으로 경험하며 누리고 있다.

생각해보기

1. 당신 스스로에게 해주고 싶은 보상은 무엇인가?
2. 아내는 어떻게 해주면 보상받았다고 생각할 것 같은가?
3. 중독에서 벗어난 데 대해 자신에게 어떤 축하를 해주고 싶은가?

4. 당신에게는 무엇이 특별한 축하가 될 것 같은가?

5. 얼마나 자주 승리를 기념하고 싶은가?

6. 회복을 위한 축하에 주님과 친구들을 어떤 방식으로 초대하고 싶은가?

102. 성경 읽기 _ 빌립보서 3:13-14

실제적인 조언

이전의 습관에 다시 빠지지 않게 도와줄 몇 가지 실제적인 조언을 소개한다.

- 컴퓨터를 사용하다가 음란물을 보고 싶은 유혹이 생기면 일어나서 그 자리를 떠나라. 유혹이 있는 곳에 있지 말라. 텔레비전 프로그램이나 DVD, 음란 잡지도 마찬가지다.
- 예수님의 이름으로 음란물의 유혹을 꾸짖고 기도하라. 소리내어 말하라.
- 친구에게 전화를 하거나 아내와 솔직한 대화를 나누라. 혼자 있지 않도록 환경을 조성하라.

생각해보기

- 유혹을 받을 때 컴퓨터에서 즉시 벗어날 자세가 되어 있는가?
- 유혹을 주의 이름으로 꾸짖는다는 게 무슨 의미인지 이해하는가? 목회자와의 상담을 통해 이런 유형의 기도를 더 자세히 배울 필요를 느끼는가?
- 상의하고 싶은 사람이 있다면 누구인가? 필요할 때 언제라도 대화할 수 있는 사람이 최소한 다섯 명 이상은 있어야 한다.

103. 성경 읽기 _ 빌립보서 2:12-13, 골로새서 2:6-8

회복을 위한 지침

당신은 중독에서 벗어나 완전히 승리할 수 있다!

- 중독을 인정하라 – 공개적으로 문제를 드러내라.
- 스스로에게 책임이 있음을 고백하라 – 다른 사람에게 탓을 돌리지 말라(절대 핑계를 대지 말라).
- 음란물을 완전히 제거하라 – 음란물을 접할 수 있는 모든 가능성을 찾아 제거하라.
- 음란물을 대체할 수 있는 실제적인 관계들을 구축하라.
- 도움을 받을 수 있는 격려 그룹을 찾아보라(아내 외의 사람들).
- 도움을 구하고 건강한 관계들을 개발하라.
- 활발하게 몸을 사용하고 건전한 활동에 참가하라. 긍정적이고 보람된 일에 시간을 사용하라.
- 자신이 아닌 다른 사람에게 초점을 맞추라.
- 유혹을 받을 때 어떻게 대처할지 미리 계획을 세워두라.
- 중독에서 벗어났다고 방심하지 말라.
- 길고 어려운 싸움이지만 그만큼 가치 있는 일임을 기억하라.
- 하나님과 정직하고 튼튼한 관계를 가꾸어가며, 성령이 개입해주시도록 요청하라.
- 도움 구하는 것을 절대 두려워하지 말라.

이 지침을 인쇄하라. 그리고 가방, 자동차 안, 사물함, 컴퓨터 옆, 일기장 혹은 성경책에 붙여놓으라.

부록 1. 성경 읽기

서론

1. 빌립보서 3:20-21
그러나 우리의 시민권은 하늘에 있는지라 거기로부터 구원하는 자 곧 주 예수 그리스도를 기다리노니 그는 만물을 자기에게 복종하게 하실 수 있는 자의 역사로 우리의 낮은 몸을 자기 영광의 몸의 형체와 같이 변하게 하시리라.

1장. 중독의 시작

2. 사사기 16:1
삼손이 가사에 가서 거기서 한 기생을 보고 그에게로 들어갔더니.

3. 잠언 27:20
스올과 아바돈은 만족함이 없고 사람의 눈도 만족함이 없느니라.

4. 아가서 4:1-5
내 사랑 너는 어여쁘고도 어여쁘다 너울 속에 있는 네 눈이 비둘기 같고 네 머리털은 길르앗 산 기슭에 누운 염소 떼 같구나 네 이는 목욕장에서 나오는 털 깎인 암양 곧 새끼 없는 것은 하나도 없이 각각 쌍태를 낳은 양 같구나 네 입술은 홍색 실 같고 네 입은 어여쁘고 너울 속의 네 뺨은 석류 한 쪽 같구나 네 목은 무기를 두려고 건축한 다윗의 망대 곧 방패천 개, 용사의 모든 방패가 달린 망대 같고 네 두 유방은 백합화 가운데서 꿀을 먹는 쌍태 어린 사슴 같구나.

5. 요한일서 2:16
이는 세상에 있는 모든 것이 육신의 정욕과 안목의 정욕과 이생의 자랑이니 다 아버지께로부터 온 것이 아니요 세상으로부터 온 것이라.

6. 마가복음 7:21-22
속에서 곧 사람의 마음에서 나오는 것은 악한 생각 곧 음란과 도둑질과 살인과 간음과 탐욕과 악독과 속임과 음탕과 질투와 비방과 교만과 우매함이니.

골로새서 3:5
그러므로 땅에 있는 지체를 죽이라 곧 음란과 부정과 사욕과 악한 정욕과 탐심이니 탐심은 우상 숭배니라.

7. 고린도전서 6:15-20
너희 몸이 그리스도의 지체인 줄 알지 못하느냐 내가 그리스도의 지체를 가지고 창녀의 지체를 만들겠느냐 결코 그럴 수 없느니라 창녀와 합하는 자는 그와 한 몸인 줄 알지 못하느냐 일렀으되 둘이 한 육체가 된다 하셨나니 주와 합하는 자는 한 영이니라 음행을 피하라 사람이 범하는 죄마다 몸 밖에 있거니와 음행하는 자는 자기 몸에 죄를 범하느니라 너희 몸은 너희가 하나님께로부터 받은 바 너희 가운데 계신 성령의 전인 줄 알지 못하느냐 너희는 너희 자신의 것이 아니라 값으로 산 것이 되었으니 그런즉 너희 몸으로 하나님께 영광을 돌리라.

8. 이사야 44:9
우상을 만드는 자는 다 허망하도다 그들이 원하는 것들은 무익한 것이거늘 그것들의 증인들은 보지도 못하며 알지도 못하니 그러므로 수치를 당하리라.

9. 골로새서 3:5
그러므로 땅에 있는 지체를 죽이라 곧 음란과 부정과 사욕과 악한 정욕과 탐심이니 탐심은 우상 숭배니라.

10. 에베소서 4:15-19
오직 사랑 안에서 참된 것을 하여 범사에 그에게까지 자랄지라 그는 머리니 곧 그리스도라 그에게서 온 몸이 각 마디를 통하여 도움을 받음으로 연결되고 결합되어 각 지체의 분량대로 역사하여 그 몸을 자라게 하며 사랑 안에서 스스로 세우느니라 그러므로 내가 이것을 말하며 주 안에서 증언하노니 이제부터 너희는 이방인이 그 마음의 허망한 것으로 행함 같이 행하지 말라 그들의 총명이 어두워지고 그들 가운데 있는 무지함과 그들의 마음이 굳어짐으로 말미암아 하나님의 생명에서 떠나 있도다 그들이 감각 없는 자가 되어 자신을 방탕에 방임하여 모든 더러운 것을 욕심으로 행하되.

11. 이사야 55:7
악인은 그의 길을, 불의한 자는 그의 생각을 버리고 여호와께로 돌아오라 그리하면 그가 긍휼히 여기시리라 우리 하나님께로 돌아오라 그가 너그럽게 용서하시리라.

12. 고린도후서 10:5
하나님 아는 것을 대적하여 높아진 것을 다 무너뜨리고 모든 생각을 사로잡아 그리스도에게 복종하게 하니.

13. 히브리서 4:12-13
하나님의 말씀은 살아 있고 활력이 있어 좌우에 날선 어떤 검보다도 예리하여 혼과 영과 및 관절과 골수를 찔러 쪼개기까지 하며 또 마음의 생각과 뜻을 판단하나니 지으신 것이 하나도 그 앞에 나타나지 않음이 없고 우리의 결산을 받으실 이의 눈 앞에 만물이 벌거벗은 것 같이 드러나느니라.

14. 민수기 14:18
 여호와는 노하기를 더디하시고 인자가 많아 죄악과 허물을 사하시나 형벌 받을 자는 결단코 사하지 아니하시고 아버지의 죄악을 자식에게 갚아 삼사대까지 이르게 하리라 하셨나이다.

마태복음 18:6
누구든지 나를 믿는 이 작은 자 중 하나를 실족하게 하면 차라리 연자 맷돌이 그 목에 달려서 깊은 바다에 빠뜨려지는 것이 나으니라.

15. 이사야 54:4 상
두려워하지 말라 네가 수치를 당하지 아니하리라 놀라지 말라 네가 부끄러움을 보지 아니하리라.

16. 시편 59:1-4
나의 하나님이여 나의 원수에게서 나를 건지시고 일어나 치려는 자에게서 나를 높이 드소서 악을 행하는 자에게서 나를 건지시고 피 흘리기를 즐기는 자에게서 나를 구원하소서 그들이 나의 생명을 해하려고 엎드려 기다리고 강한 자들이 모여 나를 치려 하오니 여호와여 이는 나의 잘못으로 말미암음이 아니요 나의 죄로 말미암음도 아니로소이다 내가 허물이 없으나 그들이 달려와서 스스로 준비하오니 주여 나를 도우시기 위하여 깨어 살펴 주소서.

17. 고린도전서 7:8-9
내가 결혼하지 아니한 자들과 과부들에게 이르노니 나와 같이 그냥 지내는 것이 좋으니라 만일 절제할 수 없거든 결혼하라 정욕이 불 같이 타는 것보다 결혼하는 것이 나으니라.

18. 시편 35:1-4
여호와여 나와 다투는 자와 다투시고 나와 싸우는 자와 싸우소서 방패와 손 방패를 잡으시고 일어나 나를 도우소서 창을 빼사 나를 쫓는 자의 길을 막으시고 또 내 영혼에게 나는 네 구원이라 이르소서 내 생명을 찾는 자들이 부끄러워 수치를 당하게 하시며 나를 상해하려 하는 자들이 물러가 낭패를 당하게 하소서.

2장. 자아, 여성 그리고 타인들에게 끼치는 영향

19. 이사야 44:9
우상을 만드는 자는 다 허망하도다 그들이 원하는 것들은 무익한 것이거늘 그것들의 증인들은 보지도 못하며 알지도 못하니 그러므로 수치를 당하리라.

20. 로마서 1:21-27
하나님을 알되 하나님을 영화롭게도 아니하며 감사하지도 아니하고 오히려 그 생각이 허망하여지며 미련한 마음이 어두워졌나니 스스로 지혜 있다 하나 어리석게 되어 썩어지지 아니하는 하나님의 영광을 썩어질 사람과 새와 짐승과 기어다니는 동물 모양의 우상으로 바꾸었느니라 그러므로 하나님께서 그들을 마음의 정욕대로 더러움에 내버려 두사 그들의 몸을 서로 욕되게 하게 하셨으니 이는 그들이 하나님의 진리를 거짓 것으로 바꾸어 피조물을 조물주보다 더 경배하고 섬김이라 주는 곧 영원히 찬송할 이시로다 아멘 이 때문에 하나님께서 그들을 부끄러운 욕심에 내버려 두셨으니 곧 그들의 여자들도 순리대로 쓸 것을 바꾸어 역리로 쓰며 그와 같이 남자들도 순리대로 여자 쓰기를 버리고 서로 향하여 음욕이 불 일듯 하매 남자가 남자와 더불어 부끄러운 일을 행하여 그들의 그릇됨에 상당한 보응을 그들 자신이 받았느니라.

21. 고린도전서 6:15-20
너희 몸이 그리스도의 지체인 줄을 알지 못하느냐 내가 그리스도의 지체를 가지고 창녀의 지체를 만들겠느냐 결코 그럴 수 없느니라 창녀와 합하는 자는 그와 한 몸인 줄을 알지 못하느냐 일렀으되 둘이 한 육체가 된다 하셨나니 주와 합하는 자는 한 영이니라 음행을 피하라 사람이 범하는 죄마다 몸 밖에 있거니와 음행하는 자는 자기 몸에 죄를 범하느니라 너희 몸은 너희가 하나님께로부터 받은 바 너희 가운데 계신 성령의 전인 줄을 알지 못하느냐 너희는 너희 자신의 것이 아니라 값으로 산 것이 되었으니 그런즉 너희 몸으로 하나님께 영광을 돌리라.

22. 에베소서 4:15-19
오직 사랑 안에서 참된 것을 하여 범사에 그에게까지 자랄지라 그는 머리니 곧 그리스도라 그에게서 온 몸이 각 마디를 통하여 도움을 받음으로 연결되고 결합되어 각 지체의 분량대로 역사하여 그 몸을 자라게 하며 사랑 안에서 스스로 세우느니라 그러므로 내가 이것을 말하며 주 안에서 증언하노니 이제부터 너희는 이방인이 그 마음의 허망한 것으로 행함 같이 행하지 말라 그들의 총명이 어두워지고 그들 가운데 있는 무지함과 그들의 마음이 굳어짐으로 말미암아 하나님의 생명에서 떠나 있도다 그들이 감각 없는 자가 되어 자신을 방탕에 방임하여 모든 더러운 것을 욕심으로 행하되.

23. 신명기 28:65-67
그 여러 민족 중에서 네가 평안함을 얻지 못하며 네 발바닥이 쉴 곳도 얻지 못하고 여호와께서 거기에서 네 마음을 떨게 하고 눈을 쇠하게 하고 정신을 산란하게 하시리니 네 생명이 위험에 처하고 주야로 두려워하며 네 생명을 확신할 수 없을 것이라 네 마음의 두려움과 눈이 보는 것으로 말미암아 아침에는 이르기를 아하 저녁이 되었으면 좋겠다 할 것이요 저녁에는 이르기를 아하 아침이 되었으면 좋겠다 하리라.

24. 골로새서 3:5-10
그러므로 땅에 있는 지체를 죽이라 곧 음란과 부정과 사욕과 악한 정욕과 탐심이니 탐심은 우상 숭배니라 이것들로 말미암아 하나님의 진노가 임하느니라 너희도 전에 그 가운데 살 때에는 그 가운데서 행하였으나 이제는 너희가 이 모든 것을 벗어 버리라 곧 분함과 노여움과 악의와 비방과 너희 입의 부끄러운 말이라 너희가 서로 거짓말을 하지 말라 옛 사람과 그 행위를 벗어 버리고 새 사람을 입었으니 이는 자기를 창조하신 이의 형상을 따라 지식에까지 새롭게 하심을 입은 자니라.

25. 잠언 11:21-22
악인은 피차 손을 잡을지라도 벌을 면하지 못할 것이나 의인의 자손은 구원을 얻으리라 아름다운 여인이 삼가지 아니하는 것은 마치 돼지 코에 금 고리 같으니라.

시편 112:1-6
할렐루야, 여호와를 경외하며 그의 계명을 크게 즐거워하는 자는 복이 있도다 그의 후손이 땅에서 강성함이여 정직한 자들의 후손에게 복이 있으리로다 부와 재물이 그의 집에 있음이여 그의 공의가 영구히 서 있으리로다 정직한 자들에게는 흑암 중에 빛이 일어나

나니 그는 자비롭고 긍휼이 많으며 의로운 이로다 은혜를 베풀며 꾸어 주는 자는 잘 되나니 그 일을 정의로 행하리로다 그는 영원히 흔들리지 아니함이여 의인은 영원히 기억되리로다.

26. 창세기 1:26-27
하나님이 이르시되 우리의 형상을 따라 우리의 모양대로 우리가 사람을 만들고 그들로 바다의 물고기와 하늘의 새와 가축과 온 땅과 땅에 기는 모든 것을 다스리게 하자 하시고 하나님이 자기 형상 곧 하나님의 형상대로 사람을 창조하시되 남자와 여자를 창조하시고.

27. 갈라디아서 5:19-21
육체의 일은 분명하니 곧 음행과 더러운 것과 호색과 우상 숭배와 주술과 원수 맺는 것과 분쟁과 시기와 분냄과 당 짓는 것과 분열함과 이단과 투기와 술 취함과 방탕함과 또 그와 같은 것들이라 전에 너희에게 경계한 것 같이 경계하노니 이런 일을 하는 자들은 하나님의 나라를 유업으로 받지 못할 것이요.

28. 이사야 65:6-7
보라 이것이 내 앞에 기록되었으니 내가 잠잠하지 아니하고 반드시 보응하되 그들의 품에 보응하리라 너희의 죄악과 너희 조상들의 죄악은 한 가지니 그들이 산 위에서 분향하며 작은 산 위에서 나를 능욕하였음이라 그러므로 내가 먼저 그들의 행위를 헤아리고 그들의 품에 보응하리라 여호와가 말하였느니라.

29. 마태복음 18:6
누구든지 나를 믿는 이 작은 자 중 하나를 실족하게 하면 차라리 연자 맷돌이 그 목에 달려서 깊은 바다에 빠뜨려지는 것이 나으니라.

잠언 22:6
마땅히 행할 길을 아이에게 가르치라 그리하면 늙어도 그것을 떠나지 아니하리라.

30. 고린도전서 7:3-5
남편은 그 아내에 대한 의무를 다하고 아내도 그 남편에게 그렇게 할지라 아내는 자기 몸을 주장하지 못하고 오직 그 남편이 하며 남편도 그와 같이 자기 몸을 주장하지 못하고 오직 그 아내가 하나니 서로 분방하지 말라 다만 기도할 틈을 얻기 위하여 합의상 얼마 동안은 하되 다시 합하라 이는 너희가 절제 못함으로 말미암아 사탄이 너희를 시험하지 못하게 하려 함이라.

31. 히브리서 13:4
모든 사람은 결혼을 귀히 여기고 침소를 더럽히지 않게 하라 음행하는 자들과 간음하는 자들을 하나님이 심판하시리라.

골로새서 3:19
남편들아 아내를 사랑하며 괴롭게 하지 말라.

베드로전서 3:7
남편들아 이와 같이 지식을 따라 너희 아내와 동거하고 그를 더 연약한 그릇이요 또 생명의 은혜를 함께 이어받을 자로 알아 귀히 여기라 이는 너희 기도가 막히지 아니하게 하려 함이라.

32. 창세기 1:26-27
하나님이 이르시되 우리의 형상을 따라 우리의 모양대로 우리가 사람을 만들고 그들로 바다의 물고기와 하늘의 새와 가축과 온 땅과 땅에 기는 모든 것을 다스리게 하자 하시고 하나님이 자기 형상 곧 하나님의 형상대로 사람을 창조하시되 남자와 여자를 창조하시고.

고린도전서 4:2
그리고 맡은 자들에게 구할 것은 충성이니라.

33. 잠언 3:8
이것이 네 몸에 양약이 되어 네 골수를 윤택하게 하리라.

34. 잠언 5:20-23
내 아들아 어찌하여 음녀를 연모하겠으며 어찌하여 이방 계집의 가슴을 안겠느냐 대저 사람의 길은 여호와의 눈 앞에 있나니 그가 그 사람의 모든 길을 평탄하게 하시느니라 악인은 자기의 악에 걸리며 그 죄의 줄에 매이나니 그는 훈계를 받지 아니함으로 말미암아 죽겠고 심히 미련함으로 말미암아 혼미하게 되느니라.

3장. 비밀과 거짓말

35. 이사야 45:16
우상을 만드는 자는 부끄러움을 당하며 욕을 받아 다 함께 수욕 중에 들어갈 것이로되.

다니엘 9:8
주여 수치가 우리에게 돌아오고 우리의 왕들과 우리의 고관과 조상들에게 돌아온 것은 우리가 주께 범죄하였음이니이다.

36. 마태복음 15:19
마음에서 나오는 것은 악한 생각과 살인과 간음과 음란과 도둑질과 거짓 증언과 비방이니.

마태복음 5:28
나는 너희에게 이르노니 음욕을 품고 여자를 보는 자마다 마음에 이미 간음하였느니라.

37. 잠언 6:23-29
대저 명령은 등불이요 법은 빛이요 훈계의 책망은 곧 생명의 길이라 이것이 너를 지켜 악한 여인에게, 이방 여인의 혀로 호리는 말에 빠지지 않게 하리라 네 마음에 그의 아름다움을 탐하지 말며 그 눈꺼풀에 홀리지 말라 음녀로 말미암아 사람이 한 조각 떡만 남게 됨이며 음란한 여인은 귀한 생명을 사냥함이니라 사람이 불을 품에 품고서야 어찌 그의 옷이 타지 아니하겠으며 사람이 숯불을 밟고서야 어찌 그의 발이 데지 아니하겠느냐 남의 아내와 통간하는 자도 이와 같을 것이라 그를 만지는 자마다 벌을 면하지 못하리라.

38. 골로새서 3:9
너희가 서로 거짓말을 하지 말라 옛 사람과 그 행위를 벗어 버리고.

전도서 10:12
지혜자의 입의 말들은 은혜로우나 우매자의 입술들은 자기를 삼키나니.

39. 신명기 13:6-8
네 어머니의 아들 곧 네 형제나 네 자녀나 네 품의 아내나 너와 생명을 함께 하는 친구가 가만히 너를 꾀어 이르기를 너와 네 조상들이 알지 못하던 다른 신들 곧 네 사방을 둘러싸고 있는 민족 혹 네게서 가깝든지 네게서 멀든지 땅 이 끝에서 저 끝까지에 있는 민족의 신들을 우리가 가서 섬기자 할지라도 너는 그를 따르지 말며 듣지 말며 긍휼히 여기지 말며 애석히 여기지 말며 덮어 숨기지 말고.

40. 베드로후서 2:18-19
그들이 허탄한 자랑의 말을 토하며 그릇되게 행하는 사람들에게서 겨우 피한 자들을 음란으로써 육체의 정욕 중에서 유혹하는도다 그들에게 자유를 준다 하여도 자신들은 멸망의 종들이니 누구든지 진 자는 이긴 자의 종이 됨이라.

41. 로마서 5:19
한 사람이 순종하지 아니함으로 많은 사람이 죄인 된 것 같이 한 사람이 순종하심으로 많은 사람이 의인이 되리라.

42. 로마서 7:19-25
내가 원하는 바 선은 행하지 아니하고 도리어 원하지 아니하는 바 악을 행하는도다 만일 내가 원하지 아니하는 그것을 하면 이를 행하는 자는 내가 아니요 내 속에 거하는 죄니라 그러므로 내가 한 법을 깨달았노니 곧 선을 행하기 원하는 나에게 악이 함께 있는 것이로다 내 속사람으로는 하나님의 법을 즐거워하되 내 지체 속에서 한 다른 법이 내 마음의 법과 싸워 내 지체 속에 있는 죄의 법으로 나를 사로잡는 것을 보는도다 오호라 나는 곤고한 사람이로다 이 사망의 몸에서 누가 나를 건져내랴 우리 주 예수 그리스도로 말미암아 하나님께 감사하리로다 그런즉 내 자신이 마음으로는 하나님의 법을 육신으로는 죄의 법을 섬기노라.

43. 누가복음 16:15
예수께서 이르시되 너희는 사람 앞에서 스스로 옳다 하는 자들이나 너희 마음을 하나님께서 아시나니 사람 중에 높임을 받는 그것은 하나님 앞에 미움을 받는 것이니라.

44. 야고보서 5:16
그러므로 너희 죄를 서로 고백하며 병이 낫기를 위하여 서로 기도하라 의인의 간구는 역사하는 힘이 큼이니라.

45. 데살로니가전서 4:3-5
하나님의 뜻은 이것이니 너희의 거룩함이라 곧 음란을 버리고 각각 거룩함과 존귀함으로 자기의 아내 대할 줄을 알고 하나님을 모르는 이방인과 같이 색욕을 따르지 말고.

46. 욥기 36:8-12
혹시 그들이 족쇄에 매이거나 환난의 줄에 얽혔으면 그들의 소행과 악행과 자신들의 교만한 행위를 알게 하시고 그들의 귀를 열어 교훈을 듣게 하시며 명하여 죄악에서 돌이키게 하시나니 만일 그들이 순종하여 섬기면 형통한 날을 보내며 즐거운 해를 지낼 것이요 만일 그들이 순종하지 아니하면 칼에 망하며 지식 없이 죽을 것이니라.

47. 에스겔 20:30
그러므로 너는 이스라엘 족속에게 이르라 주 여호와께서 이같이 말씀하셨느니라 너희가 조상들의 풍속을 따라 너희 자신을 더럽히며 그 모든 가증한 것을 따라 행음하느냐.

빌립보서 4:8
끝으로 형제들아 무엇에든지 참되며 무엇에든지 경건하며 무엇에든지 옳으며 무엇에든지 정결하며 무엇에든지 사랑 받을 만하며 무엇에든지 칭찬 받을 만하며 무슨 덕이 있든지 무슨 기림이 있든지 이것들을 생각하라.

48. 고린도전서 6:13
음식은 배를 위하여 있고 배는 음식을 위하여 있으나 하나님은 이것 저것을 다 폐하시리라 몸은 음란을 위하여 있지 않고 오직 주를 위하여 있으며 주는 몸을 위하여 계시느니라.

49. 마태복음 6:20-23
오직 너희를 위하여 보물을 하늘에 쌓아 두라 거기는 좀이나 동록이 해하지 못하며 도둑이 구멍을 뚫지도 못하고 도둑질도 못하느니라 네 보물 있는 그 곳에는 네 마음도 있느니라 눈은 몸의 등불이니 그러므로 네 눈이 성하면 온 몸이 밝을 것이요 눈이 나쁘면 온 몸이 어두울 것이니 그러므로 네게 있는 빛이 어두우면 그 어둠이 얼마나 더하겠느냐.

50. 갈라디아서 6:1
형제들아 사람이 만일 무슨 범죄한 일이 드러나거든 신령한 너희는 온유한 심령으로 그러한 자를 바로잡고 너 자신을 살펴보아 너도 시험을 받을까 두려워하라.

시편 119:133
나의 발걸음을 주의 말씀에 굳게 세우시고 어떤 죄악도 나를 주관하지 못하게 하소서.

51. 디모데전서 4:7-8
망령되고 허탄한 신화를 버리고 경건에 이르도록 네 자신을 연단하라 육체의 연단은 약간의 유익이 있으나 경건은 범사에 유익하니 금생과 내생에 약속이 있느니라.

52. 빌립보서 4:6-7
아무 것도 염려하지 말고 다만 모든 일에 기도와 간구로, 너희 구할 것을 감사함으로 하나님께 아뢰라 그리하면 모든 지각에 뛰어난 하나님의 평강이 그리스도 예수 안에서 너희 마음과 생각을 지키시리라.

53. 시편 31:9-10
여호와여 내가 고통 중에 있사오니 내게 은혜를 베푸소서 내가 근심 때문에 눈과 영혼과 몸이 쇠하였나이다 내 일생을 슬픔으로 보내며 나의 연수를 탄식으로 보냄이여 내 기력이 나의 죄악 때문에 약하여지며 나의 뼈가 쇠하도소이다.

54. 예레미야 51:53
가령 바벨론이 하늘까지 솟아오른다 하자 높은 곳에 있는 피난처를 요새로 삼더라도 멸망시킬 자가 내게로부터 그들에게 임하리라 여호와의 말씀이니라.

55. 로마서 1:28-32
또한 그들이 마음에 하나님 두기를 싫어하매 하나님께서 그들을 그 상실한 마음대로 내버려 두사 합당하지 못한 일을 하게 하셨으니 곧 모든 불의, 추악, 탐욕, 악의가 가득한 자요 시기, 살인, 분쟁, 사기, 악독이 가득한 자요 수군수군하는 자요 비방하는 자요 하나님께서 미워하시는 자요 능욕하는 자요 교만한 자요 자랑하는 자요 악을 도모하는 자요 부모를 거역하는 자요 우매한 자요 배약하는 자요 무정한 자요 무자비한 자라 그들이 이같은 일을 행하는 자는 사형에 해당한다고 하나님께서 정하심을 알고도 자기들만 행할 뿐 아니라 또한 그런 일을 행하는 자들을 옳다 하느니라.

4장. 중독 극복하기

56. 사도행전 3:19
그러므로 너희가 회개하고 돌이켜 너희 죄 없이 함을 받으라 이같이 하면 새롭게 되는 날이 주 앞으로부터 이를 것이요.

57. 야고보서 1:5
너희 중에 누구든지 지혜가 부족하거든 모든 사람에게 후히 주시고 꾸짖지 아니하시는 하나님께 구하라 그리하면 주시리라.

야고보서 4:17
그러므로 사람이 선을 행할 줄 알고도 행하지 아니하면 죄니라.

58. 에베소서 4:19
그들이 감각 없는 자가 되어 자신을 방탕에 방임하여 모든 더러운 것을 욕심으로 행하되.

59. 고린도후서 7:9
내가 지금 기뻐함은 너희로 근심하게 한 까닭이 아니요 도리어 너희가 근심함으로 회개함에 이른 까닭이라 너희가 하나님의 뜻대로 근심하게 된 것은 우리에게서 아무 해도 받지 않게 하려 함이라.

로마서 3:23
모든 사람이 죄를 범하였으매 하나님의 영광에 이르지 못하더니.

60. 마태복음 12:43-45
더러운 귀신이 사람에게서 나갔을 때에 물 없는 곳으로 다니며 쉬기를 구하되 쉴 곳을 얻지 못하고 이에 이르되 내가 나온 내 집으로 돌아가리라 하고 와 보니 그 집이 비고 청소되고 수리되었거늘 이에 가서 저보다 더 악한 귀신 일곱을 데리고 들어가서 거하니 그 사람의 나중 형편이 전보다 더욱 심하게 되느니라 이 악한 세대가 또한 이렇게 되리라.

61. 마태복음 7:12
그러므로 무엇이든지 남에게 대접을 받고자 하는 대로 너희도 남을 대접하라 이것이 율법이요 선지자니라.

누가복음 6:31
남에게 대접을 받고자 하는 대로 너희도 남을 대접하라.

62. 마태복음 12:36
내가 너희에게 이르노니 사람이 무슨 무익한 말을 하든지 심판 날에 이에 대하여 심문을 받으리니.

63. 야고보서 5:16
그러므로 너희 죄를 서로 고백하며 병이 낫기를 위하여 서로 기도하라 의인의 간구는 역사하는 힘이 큼이니라.

64. 고린도전서 6:18
음행을 피하라 사람이 범하는 죄마다 몸 밖에 있거니와 음행하는 자는 자기 몸에 죄를 범하느니라.

마태복음 5:28-29
나는 너희에게 이르노니 음욕을 품고 여자를 보는 자마다 마음에 이미 간음하였느니라 만일 네 오른 눈이 너로 실족하게 하거든 빼어 내버리라 네 백체 중 하나가 없어지고 온 몸이 지옥에 던져지지 않는 것이 유익하며.

65. 야고보서 2:26
영혼 없는 몸이 죽은 것 같이 행함이 없는 믿음은 죽은 것이니라.

66. 빌립보서 4:13
내게 능력 주시는 자 안에서 내가 모든 것을 할 수 있느니라.

67. 히브리서 10:22
우리가 마음에 뿌림을 받아 악한 양심으로부터 벗어나고 몸은 맑은 물로 씻음을 받았으니 참 마음과 온전한 믿음으로 하나님께 나아가자.

디모데후서 2:21
그러므로 누구든지 이런 것에서 자기를 깨끗하게 하면 귀히 쓰는 그릇이 되어 거룩하고 주인의 쓰심에 합당하며 모든 선한 일에 준비함이 되리라.

68. 고린도후서 12:21
또 내가 다시 갈 때에 내 하나님이 나를 너희 앞에서 낮추실까 두려워하고 또 내가 전에 죄를 지은 여러 사람의 그 행한 바 더러움과 음란함과 호색함을 회개하지 아니함 때문에 슬퍼할까 두려워하노라.

69. 마가복음 14:38
시험에 들지 않게 깨어 있어 기도하라 마음에는 원이로되 육신이 약하도다 하시고.

70. 고린도전서 5:7
너희는 누룩 없는 자인데 새 덩어리가 되기 위하여 묵은 누룩을 내버리라 우리의 유월절 양 곧 그리스도께서 희생되셨느니라.

71. 로마서 1:28-32
또한 그들이 마음에 하나님 두기를 싫어하매 하나님께서 그들을 그 상실한 마음대로 내버려 두사 합당하지 못한 일을 하게 하셨으니 곧 모든 불의, 추악, 탐욕, 악의가 가득한 자요 시기, 살인, 분쟁, 사기, 악독이 가득한 자요 수군수군하는 자요 비방하는 자요 하나님께서 미워하시는 자요 능욕하는 자요 교만한 자요 자랑하는 자요 악을 도모하는 자요 부모를 거역하는 자요 우매한 자요 배약하는 자요 무정한 자요 무자비한 자라 그들이 이같은 일을 행하는 자는 사형에 해당한다고 하나님께서 정하심을 알고도 자기들만 행할 뿐 아니라 또한 그런 일을 행하는 자들을 옳다 하느니라.

72. 에베소서 4:26-27
분을 내어도 죄를 짓지 말며 해가 지도록 분을 품지 말고 마귀에게 틈을 주지 말라.

73. 고린도전서 6:18-20
음행을 피하라 사람이 범하는 죄마다 몸 밖에 있거니와 음행하는 자는 자기 몸에 죄를 범하느니라 너희 몸은 너희가 하나님께로부터 받은 바 너희 가운데 계신 성령의 전인 줄을 알지 못하느냐 너희는 너희 자신의 것이 아니라 값으로 산 것이 되었으니 그런즉 너희 몸으로 하나님께 영광을 돌리라.

74. 시편 40:12
수많은 재앙이 나를 둘러싸고 나의 죄악이 나를 덮치므로 우러러볼 수도 없으며 죄가 나의 머리털보다 많으므로 내가 낙심하였음이니이다.

75. 요한일서 2:16
이는 세상에 있는 모든 것이 육신의 정욕과 안목의 정욕과 이생의 자랑이니 다 아버지께로부터 온 것이 아니요 세상으로부터 온 것이라.

76. 마태복음 14:23
무리를 보내신 후에 기도하러 따로 산에 올라가시니라 저물매 거기 혼자 계시더니.

77. 에베소서 5:3-12
음행과 온갖 더러운 것과 탐욕은 너희 중에서 그 이름조차도 부르지 말라 이는 성도에게 마땅한 바니라 누추함과 어리석은 말이나 희롱의 말이 마땅치 아니하니 오히려 감사하는 말을 하라 너희도 정녕 이것을 알거니와 음행하는 자나 더러운 자나 탐하는 자 곧 우상 숭배자는 다 그리스도와 하나님의 나라에서 기업을 얻지 못하리니 누구든지 헛된 말로 너희를 속이지 못하게 하라 이로 말미암아 하나님의 진노가 불순종의 아들들에게 임하나니 그러므로 그들과 함께 하는 자가 되지 말라 너희가 전에는 어둠이더니 이제는 주 안에서 빛이라 빛의 자녀들처럼 행하라 빛의 열매는 모든 착함과 의로움과 진실함에 있느니라 주를 기쁘시게 할 것이 무엇인가 시험하여 보라 너희는 열매 없는 어둠의 일에 참여하지 말고 도리어 책망하라 그들이 은밀히 행하는 것들은 말하기도 부끄러운 것들이라.

78. 요한일서 1:9
만일 우리가 우리 죄를 자백하면 그는 미쁘시고 의로우사 우리 죄를 사하시며 우리를 모든 불의에서 깨끗하게 하실 것이요.

빌립보서 4:8-9
끝으로 형제들아 무엇에든지 참되며 무엇에든지 경건하며 무엇에든지 옳으며 무엇에든지 정결하며 무엇에든지 사랑 받을 만하며 무엇에든지 칭찬 받을 만하며 무슨 덕이 있든지 무슨 기림이 있든지 이것들을 생각하라 너희는 내게 배우고 받고 듣고 본 바를 행하라 그리하면 평강의 하나님이 너희와 함께 계시리라.

79. 갈라디아서 5:1
그리스도께서 우리를 자유롭게 하려고 자유를 주셨으니 그러므로 굳건하게 서서 다시는

종의 멍에를 메지 말라.

80. 디모데후서 2:22
또한 너는 청년의 정욕을 피하고 주를 깨끗한 마음으로 부르는 자들과 함께 의와 믿음과 사랑과 화평을 따르라.

창세기 19:17
그 사람들이 그들을 밖으로 이끌어 낸 후에 이르되 도망하여 생명을 보존하라 돌아보거나 들에 머물지 말고 산으로 도망하여 멸망함을 면하라.

81. 야고보서 1:14-16
오직 각 사람이 시험을 받는 것은 자기 욕심에 끌려 미혹됨이니 욕심이 잉태한즉 죄를 낳고 죄가 장성한즉 사망을 낳느니라 내 사랑하는 형제들아 속지 말라.

82. 고린도전서 7:2-3
음행을 피하기 위하여 남자마다 자기 아내를 두고 여자마다 자기 남편을 두라 남편은 그 아내에 대한 의무를 다하고 아내도 그 남편에게 그렇게 할지라.

베드로전서 3:7
남편들아 이와 같이 지식을 따라 너희 아내와 동거하고 그를 더 연약한 그릇이요 또 생명의 은혜를 함께 이어받을 자로 알아 귀히 여기라 이는 너희 기도가 막히지 아니하게 하려 함이라.

83. 잠언 5:18-19
네 샘으로 복되게 하라 네가 젊어서 취한 아내를 즐거워하라 그는 사랑스러운 암사슴 같고 아름다운 암노루 같으니 너는 그의 품을 항상 족하게 여기며 그의 사랑을 항상 연모하라.

84. 다니엘 9:3
내가 금식하며 베옷을 입고 재를 덮어쓰고 주 하나님께 기도하며 간구하기를 결심하고.

85. 잠언 27:17
철이 철을 날카롭게 하는 것 같이 사람이 그의 친구의 얼굴을 빛나게 하느니라.

86. 잠언 3:21-22
내 아들아 완전한 지혜와 근신을 지키고 이것들이 네 눈 앞에서 떠나지 말게 하라 그리하면 그것이 네 영혼의 생명이 되며 네 목에 장식이 되리니.

87. 이사야 57:18
내가 그의 길을 보았은즉 그를 고쳐 줄 것이라 그를 인도하며 그와 그를 슬퍼하는 자들에게 위로를 다시 얻게 하리라.

88. 디모데전서 4:2
자기 양심이 화인을 맞아서 외식함으로 거짓말하는 자들이라.

로마서 14:12
이러므로 우리 각 사람이 자기 일을 하나님께 직고하리라.

89. 히브리서 13:4
모든 사람은 결혼을 귀히 여기고 침소를 더럽히지 않게 하라 음행하는 자들과 간음하는 자들을 하나님이 심판하시리라.

90. 히브리서 13:18
우리를 위하여 기도하라 우리가 모든 일에 선하게 행하려 하므로 우리에게 선한 양심이 있는 줄을 확신하노니.

5장. 지속적으로 승리하기

91. 고린도전서 10:13
사람이 감당할 시험 밖에는 너희가 당한 것이 없나니 오직 하나님은 미쁘사 너희가 감당하지 못할 시험 당함을 허락하지 아니하시고 시험 당할 즈음에 또한 피할 길을 내사 너희로 능히 감당하게 하시느니라.

92. 로마서 13:13-14
낮에와 같이 단정히 행하고 방탕하거나 술 취하지 말며 음란하거나 호색하지 말며 다투거나 시기하지 말고 오직 주 예수 그리스도로 옷 입고 정욕을 위하여 육신의 일을 도모하지 말라.

93. 잠언 21:21
공의와 인자를 따라 구하는 자는 생명과 공의와 영광을 얻느니라.

94. 잠언 14:22-23
악을 도모하는 자는 잘못 가는 것이 아니냐 선을 도모하는 자에게는 인자와 진리가 있으리라 모든 수고에는 이익이 있어도 입술의 말은 궁핍을 이룰 뿐이니라.

95. 빌립보서 4:8-9
끝으로 형제들아 무엇에든지 참되며 무엇에든지 경건하며 무엇에든지 옳으며 무엇에든지 정결하며 무엇에든지 사랑 받을 만하며 무엇에든지 칭찬 받을 만하며 무슨 덕이 있든지 무슨 기림이 있든지 이것들을 생각하라 너희는 내게 배우고 받고 듣고 본 바를 행하라 그리하면 평강의 하나님이 너희와 함께 계시리라.

96. 고린도후서 9:13-15
이 직무로 증거를 삼아 너희가 그리스도의 복음을 진실히 믿고 복종하는 것과 그들과 모든 사람을 섬기는 너희의 후한 연보로 말미암아 하나님께 영광을 돌리고 또 그들이 너희를 위하여 간구하며 하나님이 너희에게 주신 지극한 은혜로 말미암아 너희를 사모하느니라 말할 수 없는 그의 은사로 말미암아 하나님께 감사하노라.

97. 에베소서 5:25-28
남편들아 아내 사랑하기를 그리스도께서 교회를 사랑하시고 그 교회를 위하여 자신을 주심 같이 하라 이는 곧 물로 씻어 말씀으로 깨끗하게 하사 거룩하게 하시고 자기 앞에 영광스로운 교회로 세우사 티나 주름 잡힌 것이나 이런 것들이 없이 거룩하고 흠이 없게 하려 하심이라 이와 같이 남편들도 자기 아내 사랑하기를 자기 자신과 같이 할지니 자기 아내를 사랑하는 자는 자기를 사랑하는 것이라.

98. 빌립보서 1:27
오직 너희는 그리스도의 복음에 합당하게 생활하라 이는 내가 너희에게 가 보나 떠나 있으나 너희가 한마음으로 서서 한 뜻으로 복음의 신앙을 위하여 협력하는 것과.

99. 고린도후서 7:1
그런즉 사랑하는 자들아 이 약속을 가진 우리는 하나님을 두려워하는 가운데서 거룩함을 온전히 이루어 육과 영의 온갖 더러운 것에서 자신을 깨끗하게 하자.

100. 유다서 20-23절
사랑하는 자들아 너희는 너희의 지극히 거룩한 믿음 위에 자신을 세우며 성령으로 기도하며 하나님의 사랑 안에서 자신을 지키며 영생에 이르도록 우리 주 예수 그리스도의 긍휼을 기다리라 어떤 의심하는 자들을 긍휼히 여기라 또 어떤 자를 불에서 끌어내어 구원하라 또 어떤 자를 그 육체로 더럽힌 옷까지도 미워하되 두려움으로 긍휼히 여기라.

101. 디모데전서 6:11
오직 너 하나님의 사람아 이것들을 피하고 의와 경건과 믿음과 사랑과 인내와 온유를 따르며.

102. 빌립보서 3:13-14
형제들아 나는 아직 내가 잡은 줄로 여기지 아니하고 오직 한 일 즉 뒤에 있는 것은 잊어버리고 앞에 있는 것을 잡으려고 푯대를 향하여 그리스도 예수 안에서 하나님이 위에서 부르신 부름의 상을 위하여 달려가노라.

103. 빌립보서 2:12-13
그러므로 나의 사랑하는 자들아 너희가 나 있을 때뿐 아니라 더욱 지금 나 없을 때에도 항상 복종하여 두렵고 떨림으로 너희 구원을 이루라 너희 안에서 행하시는 이는 하나님이시니 자기의 기쁘신 뜻을 위하여 너희에게 소원을 두고 행하게 하시나니.

골로새서 2:6-8
그러므로 너희가 그리스도 예수를 주로 받았으니 그 안에서 행하되 그 안에 뿌리를 박으며 세움을 받아 교훈을 받은 대로 믿음에 굳게 서서 감사함을 넘치게 하라 누가 철학과 헛된 속임수로 너희를 사로잡을까 주의하라 이것은 사람의 전통과 세상의 초등학문을 따름이요 그리스도를 따름이 아니니라.

부록 2. 영적 자기 점검

"이는 만물이 주에게서 나오고 주로 말미암고
주에게로 돌아감이라 그에게 영광이 세세에 있을지어다 아멘"(롬 11:36).

영적 자기 점검 작업은 하나님과 자신의 관계를 진지하게 되돌아보고 반성하는 시간을 가지는 기회가 된다. 개인적이고 심층적으로 자신을 돌아볼 수 있다. 하나님과의 일대일 관계를 개발하고, 그리스도 중심의 삶을 사는 비결이 무엇인지 진정으로 이해하려면 수개월이나 평생이 걸릴지도 모른다. 다음의 목록은 당신의 삶에서 성부 하나님과 성자 예수 그리스도 그리고 성령 하나님과의 현재 관계를 확인하는 데 도움이 될 만한 점검 항목들을 수록해놓은 것이다.

이 훈련의 목적은 율법을 지키거나 누군가를 판단하기 위한 것이 아니다. 절대적으로 '옳은 대답'이나 '잘못된 대답'은 없다. 자신의 성향과 필요에 맞게 응용해도 좋다. 변화와 성장이 필요한 핵심 영역들을 집중적으로 점검하고 훈련하라. 현재 생활 모습을 정직하게 평가하고, 자신의 선택과 행동이 회복에 어떤 영향을 미치는지 정직하게 평가해보라. 온전하고 건강하게 생활하는 것이 목표다.

시간을 충분히 갖고 이 질문들에 정확하고 정직하게 대답하라. 주기적으로 점검 항목들을 재확인하고 얼마나 성장했는지 그리고 추가적인 노력이 필요한 부분은 없는지 알아보라.

- 나는 하나님을 알고 있고, 하나님의 사랑을 받고 있는가?
- 내 믿음의 상태는 어떤가? 하나님이 나를 위한 최고의 유익을 염두에 두고 계심을 믿는가?
- 성경이 진리임을 믿는가?
- 내가 해야 할 일을 실천하고 있는가?
- 내 기도 생활은 어떤 상태인가?
- 나의 우선순위는 무엇인가?
- 소중하게 여기는 관계들은 어떤 관계들인가?
- 더 이상 유지해서는 안 되는 관계들이 있다면 무엇인가?
- 나를 가로막는 장애가 있다면 무엇인가?
- 사람들이나 나 자신 혹은 하나님을 용서하고 있는가?
- 하나님의 나라를 위해 어떤 노력을 기울이는가?
- 나로 인해 세상이 조금이라도 더 나은 곳이 되고 있는가?
- 자신에 대한 자긍심이 있는가?
- 내가 특별히 탐하고 갈망하는 것들이 있는가? 어떤 것들인가?
- 주위 사람들과 나 자신을 긍휼히 여기는가?
- 숨기는 비밀이 있다면 무엇인가?
- 표출하지 않고 내면에 억압하는 게 있다면 무엇인가?

- 중독으로 인하여 치르는 대가는 무엇인가(재정, 정서적인 면, 직업, 관계 등)?
- 하나님이 중독에서 나를 해방시키실 능력이 있음을 믿는가?
- 중독으로 인한 고통이 친구처럼 익숙하게 느껴지지 않는가?
- 중독에서 회복되고 있다면, 그 사실로 인해 하나님을 찬양하고 그분에게 감사하고 있는가?
- 내 목표는 무엇인가?

1쇄 인쇄	2011년 6월 15일
1쇄 발행	2011년 6월 30일
지은이	데니스 프레드릭
옮긴이	김진선
펴낸곳	주)도서출판 디모데 〈파이디온 선교회 출판 사역 기관〉
등록	2005년 6월 16일 제 319-2005-24호
주소	서울 강남구 개포동 1164-21
전화	마케팅실 070) 4018-4141
팩스	마케팅실 02) 6919-2384
홈페이지	www.timothybook.com

값 13,000원
ISBN 978-89-388-1527-9
Copyright ⓒ 주)도서출판 디모데 2011 〈Printed in Korea〉